VICKY OLIVER

é autora de *301 Smart Answers to Tough Interview Questions*

CHEFES DE MERD@

80 maneiras inteligentes de administrar os mais difíceis problemas interpessoais.

Tradução
William Lagos

Jardim
dos
Livros

Título original:
**Bad Bosses, Crazy Coworkers & Other Office Idiots:
201 Smart Ways to Handle the Toughest People Issues**

Copyright © 2019 by Vicky Oliver

1ª edição — Setembro de 2019

Grafia atualizada segundo o Acordo Ortográfico da Língua Portuguesa de 1990, que entrou em vigor no Brasil em 2009.

Editor e Publisher
Luiz Fernando Emediato

Diretora Editorial
Fernanda Emediato

Estagiário
Luis Gustavo

Capa, Diagramação e Projeto Gráfico
Alan Maia

Preparação de Texto
Nanete Neves

Revisão
**Josias A. de Andrade
Marcia Benjamim Oliveira**

**Dados Internacionais de Catalogação na Publicação (CIP)
de acordo com ISBD**

O48c   Oliver, Vicky
          Chefes de merda: 80 maneiras inteligentes de administrar os mais difíceis problemas interpessoais / Vicky Oliver. - São Paulo : Geração Editorial, 2019.
          256 p. ; 15,5cm x 23cm.

          Inclui índice e bibliografia.
          ISBN: 978-85-8484-036-6

          1. Administração. 2. Gestão de pessoas. 3. Desenvolvimento profissional. I. Título.

                                             CDD 650.14
2019-1414   CDU 658.011.4

Elaborado por Odilio Hilario Moreira Junior - CRB-8/9949

Índice para catálogo sistemático:
1. Administração : carreiras, sucesso 650.14
2. Administração : carreiras, sucesso 658.011.4

JARDIM DOS LIVROS

Rua João Pereira, 81 – Lapa
CEP: 05074-070 – São Paulo – SP
Telefone: +55 11 3256-4444
E-mail: geracaoeditorial@geracaoeditorial.com.br
www.geracaoeditorial.com.br

Impresso no Brasil
Printed in Brazil

[dedicatória

Este livro é dedicado a qualquer um que já tenha enfrentado no trabalho confrontos de menos de cinco minutos, e depois tenha passado os cinco dias seguintes em agonia pensando se falou a coisa certa, a coisa errada, a frase intuitiva ou a insensível (ou, sem dúvida, se deveria ter dito qualquer coisa). Este livro foi escrito para você.

agradecimentos

Um sincero "obrigada" a todos aqueles que se apresentaram voluntariamente para partilhar comigo suas verdadeiras histórias e peripécias no ambiente de trabalho enquanto este livro estava sendo escrito. Sua sinceridade descontraída enriquece cada uma de suas páginas.

Também estou em dívida para com o *Mumbles Writing Group* (Grupo dos Escritores Murmurantes) por suas críticas agradáveis e construtivas e pelas sugestões feitas durante o processo de redação desta obra. O *Mumbles Writing Group* é uma associação de autores de ficção que gentilmente permitiu a esta escritora de não ficção comer com eles uma fatia de bolo formigueiro, tomar uma taça de vinho e trabalhar junto com sua equipe na revisão de vinte e cinco páginas deste livro durante as noites de quarta-feira, duas vezes por mês.

Este livro provavelmente nunca teria saído sem que Bethany Brown insistisse comigo para aproveitar o sucesso de meu primeiro livro, *301 Smart Answers to Tough Interview Questions*. Agradeço a você também, Peter Lynch, por suas indicações cuidadosas e orientação constante para este projeto, desde sua concepção inicial. June Clark, seus conselhos experientes foram constantemente solicitados, geralmente seguidos e sempre apreciados!

Finalmente, gostaria de agradecer a cada pessoa que, após saber que eu estava escrevendo este livro, disse-me: "Política de escritório. Um grande assunto". E, de fato, é.

[índice

PREFÁCIO À EDIÇÃO BRASILEIRA 13

INTRODUÇÃO: Se você é capaz de reconhecer o problema, então pode encontrar a solução 17

[**CHEFES DE MERDA** 19

CAPÍTULO 1
A "Grande Irmã" está observando você!
cada vez que você vira a cabeça, lá está ela 21

CAPÍTULO 2
O chefe que imita o Mágico de Oz
o chefe ausente 33

CAPÍTULO 3
A mascote hesitante
ela chegou ao auge, mas já desceu de lá 47

CAPÍTULO 4
O tira bonzinho e o tira malvado
você tem o dobro de dores de cabeça com sua administração 59

CAPÍTULO 5
O viciado em administração
ele adora remexer nas estruturas 71

CAPÍTULO 6
O predador
ele fica de olho em você, mas não para promovê-lo 83

CAPÍTULO 7
O chefe herdado
ele tem grandes planos em mente (para substituir você) 95

CAPÍTULO 8
A caçadora de créditos
na hora de receber crédito, ela é o único ativo da empresa 111

CAPÍTULO 9
O valentão (The Bully)
ele usa seu poder para amedrontar as tropas 127

CAPÍTULO 10
O covarde
não se mobiliza nem pelo trabalho nem por seu pessoal 143

CAPÍTULO 11
O chefe temporário
pistoleiro de aluguel 157

CAPÍTULO 12
O bruxo malabarista
ele faz aparecer do nada novos projetos de trabalho 171

CAPÍTULO 13
O narcisista insaciável
vê cada projeto como um reflexo de sua própria grandeza 185

CAPÍTULO 14
Colérico e viciado
o chefe eternamente zangado 197

CAPÍTULO 15
O sultão protegido
ele não percebe nada... 213

CAPÍTULO 16
Vigaristas, fraudulentos e trapaceiros (Conhece alguém assim?)...
é impossível obter uma resposta direta sobre o prazo final.................... 225

CONCLUSÃO
O segredo de se dar bem com praticamente todo mundo 241

LISTA DE PROBLEMAS 245

NOTAS FINAIS 247

A RESPEITO DA AUTORA 249

[prefácio à edição brasileira

Há uma enorme variedade de livros sobre "Gestão de Pessoas" no mercado, versando sobre temas desde os mais básicos como Folha de Pagamento, Recrutamento e Seleção, Gestão da Remuneração e Treinamento, e outros que abordam assuntos mais complexos, considerados estratégicos, como Desenvolvimento de Talentos, Plano de Carreira e Plano Sucessório, porém nenhum deles se preocupa com o que ocorre no dia a dia corporativo com as pessoas, o que, naturalmente, ocuparia uma grande quantidade de páginas devido à diversidade de situações que podem surgir nas relações profissionais no ambiente de trabalho.

Este livro vai surpreender neste aspecto.

A autora Vicky Oliver, com sua sensibilidade para as mais diversas ocorrências e situações cotidianas que afetam grande parte das pessoas nas organizações, consegue expressar, valendo-se de um vocabulário fortemente adequado e direcionado ao mundo corporativo, e explicitar a sua visão sobre como as pessoas atingidas por essas situações deveriam prevenir-se ou livrar-se delas.

Logo no capítulo 1 é abordado um "estilo" (se é que assim podemos chamar) de gestão que a autora denomina de "A Grande Irmã", o qual reflete com muita fidelidade o que ocorre em inúmeras organizações onde os colaboradores (ou associados, numa expressão mais adequada à realidade norte-americana) são intensa e ostensivamente "fiscalizados" pelo gestor, que, sem pudor algum, exerce sobre a sua equipe uma gestão que visa muito mais ao controle do que ao estímulo para que as pessoas se motivem a fazer o que deve ser feito.

Na sequência, talvez propositalmente como um contraponto, a autora nos mostra, com a clareza empregada no capítulo 1 e que carrega até o final do livro, um "estilo" inverso, onde o gestor se mostra predominantemente omisso diante das situações do cotidiano, principalmente aquelas que podem comprometer a sua imagem.

Nos demais capítulos, todos ricos em situações típicas e atípicas, ela discorre inteligentemente sobre situações que nos fazem lembrar do que ocorre no nosso emprego atual e também nos anteriores, convidando-nos a reviver fatos sobre os quais não temos boa lembrança, mas que, no fundo, nos proporcionaram algum aprendizado.

Entretanto, talvez valha a pena destacar, resumidamente, os principais "modelos" de gestor abordados:

- O "viciado em administração": aquele focado em regras e processos e pouco em resultados;
- O "chefe temporário": aquele que parece "cair do céu", pois ninguém sabe de onde veio;
- O famoso "caçador de créditos": tudo que você faz de bom ele assume como se fosse dele;
- O "valentão": sua gestão é pela intimidação, mas, mesmo assim, há quem se adapte;
- O "covarde": além de omisso, retém informações, e às vezes desmente o funcionário descaradamente;
- O "narcisista": tudo gira em torno dele;
- O "trapaceiro": seu êxito está sempre ligado a uma falcatrua.

E de "estilo" em "estilo" ela vai percorrendo os "corredores" das organizações apontando situações, mas não só: oferece alternativas interessantíssimas para que as pessoas se desvencilhem delas para poderem preservar-se no trabalho, e o que entendemos mais importante: cuidar da saúde física e emocional.

Aqui está o grande diferencial deste livro de Vicky Oliver: a possibilidade que ela nos proporciona de encontrar e aplicar uma das alternativas de "escape" às várias situações constrangedoras causadas pelos gestores, e isto preenche uma lacuna muito grande na bibliografia da área de gestão que normalmente propõe ações sempre mais estratégicas do que as que realmente afetam a nossa vida no dia a dia.

Assim, a nossa recomendação da leitura deste livro se fundamenta no foco e na clareza que a autora consegue dar às questões profissionais que mais nos atingem e que podem, se não bem administradas e cuidadas, comprometer a nossa carreira e o nosso futuro.

Boa e prazerosa leitura!

Lauro Eduardo De Russi[1]

---

[1] **Lauro Eduardo De Russi** é especialista em Gestão de Recursos Humanos, Psicologia Organizacional, e em Marketing; é também professor convidado em Gestão de Pessoas em cursos de Pós-graduação da FECAP, Trevisan, ECA/USP, FIA, e Universidade Mackenzie. Lauro atuou em empresas nacionais e multinacionais dos segmentos automotivo, alimentício, farmacêutico, químico e agronegócio. Atualmente é diretor da Tre Com.

[introdução

Se você é capaz de reconhecer o problema, então pode encontrar a solução

A boa notícia é que você já tem um conhecimento íntimo do problema. Isso acontece porque você passou cerca de oito horas por dia, cinco dias por semana ruminando-o. Refletiu longamente sobre o problema, discutiu a respeito com seus amigos e até conseguiu ignorá-lo durante algum tempo. Mas não importa o que você tente fazer, nada parece aliviar aquilo que oficialmente vai se tornar um pesadelo. O problema pode ser seu chefe, pode ser um dos seus funcionários, ou pode ser você.

Se o problema for seu chefe, você desperdiçará um tempo precioso e comprometerá sua sanidade enquanto pondera sobre os muitos obstáculos que está encontrando, porque ele é quem manda. Afinal de contas, os grandes problemas (como os chefes) têm o hábito de criar uma série de outros problemas administrativos menores que originam dificuldades e dores de cabeça para o resto de nós.

Se o problema for um de seus funcionários, você pode pensar se há uma forma de rebaixá-lo, despedi-lo ou até promovê-lo para outro departamento, desde que não o atormente mais!

Neste livro, iremos tratar daqueles chefes impossíveis, cujo tipo você poderá identificar numa das categorias contidas no índice. Assim que a identificar, pule diretamente para esse capítulo para descobrir que problemas administrativos ele ou ela provavelmente causarão. Analise os problemas, estude as soluções e comece a pô-las em prática. Não há necessidade de gastar nem um minuto em qualquer outro capítulo que não se aplique diretamente à sua situação.

chefes de merda

Desde o chefe ausente que age como se fosse o Mágico de Oz, até o predador, que está sempre de olho em você com outras intenções que não uma promoção, estão todos aqui. Você reconhecerá o caçador de créditos ansioso para dar o bote em suas ideias como uma ave de rapina; a grande irmã, que monitora cada movimento seu, além de qualquer outro tipo de chefe que já o pressionou a ponto de você quase pedir demissão.

Seu chefe vive gritando, é um idiota, um tirano, um ladrãozinho ou um grande estelionatário? Aqui você encontrará dezesseis arquétipos diferentes de chefes difíceis que talvez conheça muito bem, só que ainda não descobriu como lidar com eles. E é nisso que este livro pode realmente ajudá-lo. Nos oitenta quadros com problemas e soluções relatados neste livro, você encontrará respostas, dicas e atitudes *racionais* para enfrentar qualquer enigma causado por qualquer tipo de chefe.

O chefe de merda surge usando todos os disfarces possíveis. Ou ele se intromete em tudo ou parece completamente desinteressado. Ou ele se preocupa demais com o que os escalões superiores pensam a respeito de seu departamento ou não se preocupa o suficiente. Ele administra bem as ordens que surgem de cima ou administra bem os seus subordinados, mas certamente não consegue fazer bem as duas coisas. Ou ele é um terrível perfeccionista e todos os funcionários do escritório se sentem aterrorizados por ele. Ou ele se esquece completamente de elogiar seu desempenho ou somente o faz empregando os termos mais sarcásticos. Ele pode até mesmo observar que coisa boa foi você ter chegado desta vez ao trabalho na hora certa para variar.

Sua chefe pode ser maluca por exatidão, doida por controle ou predisposta a ter um ataque de raiva mediante a menor provocação. De forma oposta, ela pode ser tão atrapalhada que os projetos se vão empilhando sobre sua escrivaninha até desaparecerem em um buraco negro para nunca mais serem vistos. Ou ela está junto de você o tempo todo ou passa completamente fora do escritório estendendo a hora do almoço. Quando você não precisa de qualquer supervisão, lá está ela, respirando em seu pescoço como se fosse uma dragoa. Mas quando você precisa desesperadamente lhe fazer uma pergunta ou conseguir sua assinatura em um documento, não pode encontrá-la em parte alguma. Naturalmente, qualquer coisa que você planeje, elabore, crie ou redija será automaticamente creditada a ela, a não ser que você cometa um erro, caso em que já pode ir esperando receber a culpa total dentro de um futuro previsível.

Você imagina: será que seu (sua) chefe, não pode sair mais cedo do escritório de vez em quando, envolver-se com os elementos de sua vida particular, adoecer e precisar de medicação, parar de puxar seu cabelo ou talvez, *oh, por favor, queridos deuses do trabalho*, simplesmente arranjar um outro emprego para me deixar em paz? Contudo, bem lá no fundo, você sabe que seria uma grande tolice esperar a chegada de alguma dessas bênçãos. Assim, enquanto você espera que aquele chefe de merda desça pela privada, poderá encontrar aqui algumas formas de lidar com as ocasionais complicações administrativas que ele cria.

[capítulo 1

A "Grande Irmã" está observando você!

Nós, as oito funcionárias que trabalhávamos sob as ordens de "Susanna", éramos todas jovens com menos de trinta anos. Nós não sabíamos como nos defender e simplesmente dizer: "Não, Susanna, eu não posso trabalhar no feriado da Independência". Nós não percebíamos que estávamos sendo maltratadas por uma garota mimada que não era muito mais velha do que nós. Acreditávamos estar simplesmente fazendo a nossa obrigação para progredir dentro dos parâmetros da cidade grande.

Ninguém consegue escapar da sensação de que está sendo vigiado. Não importa a hora em que você chega ao escritório, sua chefe chegou primeiro. Se você completou todo o seu trabalho do dia e pretende sair às cinco horas da tarde, ela indaga por que razão está querendo sair tão cedo. Se você continua trabalhando duas horas além do horário normal, ela ainda está em seu escritório, sentada à escrivaninha e examinando documentos. Se você tem um trabalho urgente para terminar e decide voltar ao serviço durante o fim de semana, imagine só!, ela decide estar presente no escritório justamente durante esse fim de semana. Você não consegue sair de perto dela. Caso o faça, sente ansiedade pela separação.

Algumas vezes, quando você está "na zona de combate", a cabeça inclinada sobre o trabalho que está realizando e ergue os olhos por acaso — lá está o queixo de sua chefe bem à sua frente, como se tivesse pendurado ali uma fotografia instantânea dela. Ela parece sentir um prazer sádico em se inclinar sobre sua orelha e ler o que está escrito em sua tela, antes que você tenha feito a revisão. Se você trabalha em uma companhia que requer um relatório diário de como empregou seu tempo no escritório, ela nunca deixa de questionar os itens que você colocou no seu. Ela parece dispor de um relógio privado invisível, e não importa a hora que você bate o ponto na entrada ou na saída, sempre parece estar devendo tempo de trabalho à firma.

Quando você arranjou uma chefe que está sempre por perto, monitorando cada um de seus movimentos, eis como superar alguns dos problemas que provavelmente surgirão.

Problema Número 1: A chefe que a incomoda durante o fim de semana.

Ela se imagina a Princesa Guerreira dos Fins de Semana. Tem pouco interesse em sua própria vida pessoal e muito menos pela sua. Ela não hesita em marcar reuniões desnecessárias nas manhãs de sábado ou, pior ainda, incomodá-la ao telefone nas horas mais inconvenientes. Chegou um feriadão? Ela não liga a mínima e telefona durante a manhã da segunda-feira de folga por "apenas alguns minutos" e fica falando desnecessariamente sobre assuntos do departamento até que você caia de sono.

Solução Número 1: Estabeleça seus limites.

Durante a semana, seu tempo vale dinheiro e a firma paga por ele. Mas nos fins de semana, simplesmente não tem preço. Se sua chefe insistir em uma reunião durante o fim de semana, tenha o cuidado de lhe dizer de antemão exatamente por quanto tempo poderá ficar. Você pode tentar limitar o compromisso com o pretexto de uma obrigação familiar, explicando, por exemplo: "Minha avó já comprou as entradas e quer minha companhia para ir ao cinema à tarde. Eu posso chegar ao escritório às dez da manhã, mas só posso ficar, no máximo, até o meio-dia". Mas não deixe de chegar e sair exatamente na hora em que combinou.

A sua chefe tem o hábito irritante de telefonar para sua casa? Experimente empregar a mesma técnica. No começo do telefonema, diga à sua chefe precisamente de quantos minutos dispõe para falar. A conversa de visitas na sala, o choro de crianças ao fundo ou mesmo um cano de água que parece ter explodido podem ajudar a manter ainda mais curtas as conversações com uma chefe que não lhe demonstra consideração.

COMO FAZER PARA DOMAR UMA CHEFE MALUCA POR TRABALHO.

Trabalhar para alguém que se envolve totalmente no trabalho requer uma porção de sacrifícios. Você terá de sacrificar suas noites, fins de semana e todo o tempo de descanso no altar dos grandes negócios, provavelmente recebendo zero compensação pelas horas extras. Será necessário que você comece a estabelecer, gentilmente, algumas linhas mestras para sua autopreservação. Eis algumas táticas que poderá experimentar.

- **VIAJE COM POUCA BAGAGEM.** Esqueça em casa seu celular, *notebook* ou Blackberry. Simplesmente deixe-os em casa todos os dias antes de ir para o trabalho, assim sua chefe nunca vai precisar saber que você os possui. Quanto menos números de telefone e endereços de *e-mail* você der às outras pessoas, menor será a possibilidade de que elas venham perturbá-la durante seu tempo livre;

- **FAÇA COM QUE SEUS FINS DE SEMANA PAREÇAM COMO FÉRIAS.** É preciso um certo nível de crueldade da parte de um chefe para impedir que um de seus subordinados vá acampar durante um fim de semana com primos que não encontra há anos. Quando a ocasião for apropriada durante os dias de trabalho, descreva seus planos para o fim de semana e faça com que pareçam realmente divertidos. Seu chefe pode pensar duas vezes antes de lhe pedir para trabalhar no sábado;

- **PROCURE TODOS OS DIAS CHEGAR AO TRABALHO MAIS CEDO QUE O CHEFE.** Chegue alguns minutos mais cedo do que ele costuma chegar. Ele vai sentir que você o está protegendo enquanto está ausente e certamente vai lembrar disso quando você não puder ficar trabalhando com ele até de noite.

Problema Número 2: *O especialista em ineficiência.*

Alguns chefes viciados em trabalho gostam de labutar noite adentro sem outra companhia senão a de seus computadores. Outros são ainda piores e insistem que você permaneça no local de trabalho, trabalhando como escravo ao lado deles. Se o serviço atrasado não é suficiente para mantê-lo encasulado depois das horas do expediente, seu chefe não tem a menor dificuldade em inventar trabalhos desnecessários para mantê-lo ocupado. Revisões múltiplas, correções infindáveis e uma fascinação por modificações no ambiente de trabalho podem ser sinais de que você está trabalhando para um Especialista em Ineficiência.

Solução Número 2: *Atribua a seu chefe um padrão mais elevado: padronize todos os documentos.*

Os Especialistas em Ineficiência são verdadeiros gênios para inventar trabalhos difíceis. O jeito para se livrar das pilhas de documentos é insistir polidamente em uma padronização dos documentos. Peça uma reunião com seu chefe durante as horas de trabalho regulares. Explique a necessidade de estabelecer novos parâmetros para todos os relatórios de conferências, apresentações e documentos para os clientes. (Automaticamente você ganhará diversos pontos no conceito de seu chefe ao se propor a enfrentar esse desafio.) Não meça esforços para tornar os modelos dos novos parâmetros fáceis de entender e visualmente atraentes. A seguir, garanta que seu chefe aprove integralmente a nova forma de apresentação. Da próxima vez que ele tentar desperdiçar seu tempo com uma reformatação de qualquer tipo, recorde-lhe com gentileza que está simplesmente "seguindo os novos padrões".

DICA

EXPRESSA

Dê crédito ao seu (sua) chefe quando *ela não o merece*. Se um dos seus clientes por acaso comentar como os novos padrões parecem atraentes, por que não dar à sua chefe o crédito da invenção e adoção da nova ideia? Isto servirá para que ela a aprove ainda mais.

Problema Número 3: A chefe que a encara como sua fantoche particular.

A descrição de seu emprego que consta no *site* da empresa dizia: "espaço para crescer". Mas por enquanto, a única coisa que você vê crescendo são as plantas nos vasinhos da chefe (que espera que você as regue, muito obrigada). Você não se expandiu em absoluto. A única coisa que está se expandindo são as listas em seu computador sobre os horários e funções dos salões de beleza que ela frequenta e os cardápios dos restaurantes que ela escolhe. Atualmente, é difícil acreditar que realizar tarefas pessoais para sua chefe faça parte integral da descrição de seu trabalho. Você se sente tão feliz por ter se formado com distinção na universidade para obter este incrível privilégio...

Solução Número 3: Estabeleça uma escala pessoal de trabalho e a seguir corte todos os cordéis.

Para alguns, *O Diabo Veste Prada* é apenas um filme. Para outros é a maneira normal de viver. Em certos campos, os assistentes administrativos ainda são tratados como lacaios. Esta é uma parte profundamente embutida na cultura corporativa que data dos mais antigos tempos em que se formaram as grandes corporações. Sua chefe pode mesmo ter crescido dentro da mesma cultura corporativa em que ela tinha de pagar tributo aguando as plantinhas da *chefe dela*. Seria ingênuo imaginar que você poderia fazer um encanto e se livrar de suas pesadas responsabilidades de regadora de vasos!

As únicas vias de escape são galgar a escala corporativa ou sair totalmente desse tipo de empresa. Depois de seis meses no emprego, comece a incubar sua estratégia de evasão. Marque uma reunião individual com sua chefe para fazerem juntas um relatório de seu progresso. Agradeça-lhe profusamente pela tremenda oportunidade que ela lhe deu ao contratá-la e expresse sua paixão por *permanecer* nessa posição. Peça-lhe que a coloque em alguns projetos especiais durante os quais poderão acompanhar juntas seu progresso. Tente persuadi-la a redigir uma escala pessoal de trabalho para verificação de seus avanços, mas se ela não puder (ou não quiser), não desespere.

» Enrole uma bolinha de algodão e apague de sua face aquele patético muxoxo de *"Quando Eu Serei Finalmente Promovida?"*. Empregue seu tempo para se relacionar com os gerentes de outros departamentos da empresa, inclusive o de Recursos Humanos. Mantenha os ouvidos atentos para a abertura de quaisquer posições adequadas dentro da companhia. É bastante comum que sejam distribuídas listagens de postos de trabalho disponíveis. Comece a se oferecer para eles. É possível pular assim para outro emprego dentro da própria firma, que não somente lhe renda mais grana como a liberte dos grilhões desses deveres degradantes de prestar serviços de caráter pessoal à sua chefe.

MANTRA CORPORATIVO

 Repita com frequência o conselho de Eleanor Roosevelt: *"Ninguém pode fazer com que você se sinta inferior sem seu consentimento"*. Se o desempenho dos deveres pessoais que alguém mais deveria realizar por si mesma faz com que você se sinta degradada, tente limitar a quantidade de tempo que consente dedicar à sua realização.

Problema Número 4: **Ela insiste em um relatório minucioso sobre cada reunião, e-mail ou telefonema.**

Sua chefe a encontra no corredor qualquer tarde dessas e lhe dá um tapinha no braço de um jeito brincalhão e lhe diz com a maior casualidade: "Ouvi dizer que você está trocando mensagens com o Peter. Eu acho realmente que você precisa começar a me incluir em suas listas de *e-mails* (ou no *Facebook*)". É a segunda vez em menos de duas semanas que ela lhe sugere alguma coisa desse tipo. Tradução: sua chefe está quase tendo um grande ataque de paranoia porque se sente excluída. Caso você não comece imediatamente a lhe enviar cópias de cada *e-mail* que digitar ela decidirá que sua missão sobre a Terra é suspender seu acesso à rede de área local ou talvez tomar uma providência de caráter mais permanente.

Solução Número 4: **Encha o saco dela com detalhes.**

Conforme Mies van der Rohe expressou certa vez com tanta eloquência: *"Deus se encontra nos detalhes"*. Tome notas detalhadas de cada interação administrativa que tiver e envie tudo por *e-mail* à sua chefe, até que ela proteste: *"Chega, já é demais!"*. Sua salvação se encontra em um relatório momento a momento de todas as minúcias. Até mesmo a microgerente mais determinada sabe que está sendo paga para focalizar o quadro geral e não lidar com cada questãozinha desnecessária. Conserve a fé no fato de que eventualmente ela será chamada a participar de uma importante reunião de negócios em uma filial tão distante, que nem mesmo ela será capaz de controlar cada um de seus movimentos. E rogue que, quando ela finalmente retornar, terá acumulado em seu computador algumas mensagens de louvor daqueles em cujos projetos você trabalhou tão bem durante a sua ausência. Caso alguém mais a elogie por um trabalho benfeito, peça-lhe gentilmente para colocar o cumprimento por escrito. Imediatamente encaminhe estes *e-mails* laudatórios para sua chefe. Afinal de contas, foi ela que exigiu de você um relatório minucioso sobre todas as suas reuniões, mensagens eletrônicas e telefonemas.

NÃO PERMITA QUE A PARANOIA DE SUA CHEFE A DESTRUA!

A má notícia é que sua chefe parece sofrer de uma doença mental aguda. Qual é a boa notícia? Bem, pelo menos não é uma doença contagiosa. Seguem algumas sugestões como conservar seu autocontrole enquanto pelo menos uma pessoa por perto está perdendo a cabeça.

- **NÃO BUSQUE SUA APROVAÇÃO DESESPERADAMENTE.** Ela pode começar a entrar em pânico, pensando que você é tão maluca quanto ela. Ao contrário, louve a si mesma quando souber que a tarefa foi benfeita. Você pode começar a ensaiar em frente a seu espelho de corpo inteiro preso na porta do guarda-roupa: *"Uau, eu fiz um ótimo trabalho. Sou mesmo um espetáculo!"*;
- **NÃO TENTE DESCOBRIR O QUE SE PASSA NA CABEÇA DELA.** Amiga, esse pode ser um lugar bastante assustador. Se ela acusar você diretamente de deslealdade, defenda-se com firmeza. Se ela tem o costume de falar mal incessantemente de outros funcionários do departamento, simplesmente escute sem dar a sua opinião contra nem a favor. Mantenha suas interações com ela focalizadas nos assuntos do dia e não se intrometa nas vicissitudes da política do escritório;
- **NUNCA A DESAFIE!** Ela pode dar um bote em você mais depressa do que a Dra. Jill Jekyll se transformando em Hilda Hyde[2];
- **NÃO INSISTA PARA ENTRAR NO ESPAÇO DELA.** Sua chefe se encerrou detrás de portas trancadas novamente? Não tente entrar e nem ao menos bata à porta. Imagine que há um enorme cartaz pendurado nela dizendo: "NÃO PERTURBE ANTES QUE OS PARAMÉDICOS DERRUBEM A PORTA!";
- **NÃO TENTE ULTRAPASSAR AS SUAS AMIGAS E OS SEUS ADULADORES.** Lembre-se de que eles são a linha de frente que se encontra entre sua cabeça e os seus intensos maus humores; e se ela mandar decapitá-la e lhe enviar a cabeça de volta em uma salva de prata? Seus aduladores constituem um estado-tampão entre você e ela. Caso você venha a saber que ela está em um de seus piores dias, ou ignore o prazo que se aproxima para completar a sua tarefa ou o renegocie com um dos carrascos dela. (Aviso: vale a pena se conservar em excelentes termos com essa gente de cuja ajuda pode vir a precisar com bastante frequência.)

---

[2] Alusão no feminino aos personagens Dr. Jekyll e Mr. Hyde, do livro de Robert Louis Stevenson, *O Médico e o Monstro* (N. do T.)

Problema Número 5: *Ela remexe disfarçadamente em seus papéis.*

Você sempre deixa a lista das coisas para fazer amanhã do lado esquerdo de sua escrivaninha. Assim fica profundamente perplexa quando a encontra do lado direito no dia seguinte. Procurando pistas sobre quem pode ter deslocado a sua lista particular, você leva o pedaço de papel até suas narinas e pensa detectar um cheiro almiscarado e forte demais que lhe é bastante familiar. *Ah, sim, é o perfume dela!*

Solução Número 5: *Encha seu espaço de trabalho com coisas que ela ficará feliz de encontrar.*

Pode ser rude, incômodo e de mau gosto, mas não é ilegal que sua chefe remexa em seus papéis e correspondência. A lei favorece os abelhudos. É perfeitamente legal que companhias examinem a correspondência de seus empregados em seu lugar de trabalho. (Tenha cuidado: os servidores das redes de área local de muitas companhias modernamente registram cópias de todas as mensagens eletrônicas deletadas.) Hoje em dia, em algumas firmas da área de finanças, é prática padrão grampear todas as conversações nos celulares de seus empregados. Então tire vantagem dessa política de "transparência total" e orgulhosamente mostre sua lista de coisas a fazer no dia seguinte. Organize a lista cronologicamente e marque seu progresso à medida que atinge certos objetivos. Se não deu tempo para completar uma de suas tarefas, no fim do expediente transfira o item para a lista do dia seguinte. Droga, o melhor mesmo é aproveitar alguns minutos para digitar uma nova lista das coisas que completou! Ora, já que não há mesmo como esconder, a melhor atitude é ficar se gabando claramente de tudo o que fez durante o dia.

Simplesmente Estatísticas

De acordo com uma pesquisa da Harris (1), somente 30% dos funcionários das grandes organizações acreditam que a administração superior demonstra integridade e moralidade, enquanto 48% dos que trabalham em pequenas empresas acreditam que os diretores apresentam essas qualidades. É evidente que o tamanho é importante.

OBS.: Os números entre parênteses encontrados ao longo do texto remetem às notas finais.

A REGRA DE OURO: Investigue os hábitos de sua chefe a fim de conservar o pulo do gato. Chegue mais cedo ao escritório do que ela costuma chegar, impedindo assim a sua tentativa de testemunhar cada uma de suas ações. Reduza ao máximo o tempo que você é forçada a passar com ela nos fins de semana. Estabeleça seus limites e nunca ultrapasse essa linha; caso contrário, ela própria a irá ultrapassar o tempo todo.

… capítulo 2

O chefe que imita o Mágico de Oz

Passamos uma hora por dia perguntando a todos os que trabalham no escritório quando viram "Mike" pela última vez. A secretária de Mike parece tão ansiosa quanto o resto de nós para descobrir seu paradeiro.

Você está trabalhando sob as ordens de um chefe Virtual que virtualmente nunca está presente. Ele passa o tempo nos outros escritórios da firma e apenas telefona via celular entre uma reunião e outra. Você já conhece de cor os seus números de celular, de Blackberry e até do seu celular europeu. Durante os últimos meses, você se transformou em um *Conhecedor de Fusos Horários* e agora usa dois relógios ou marca dois horários em seu computador — o segundo correspondendo a qualquer cidade em que seu chefe Virtual por acaso esteja nessa semana. Ora, se ao menos seu chefe estiver no lugar em que disse que estaria!... Ele é um virtuose no jogo virtual, completamente impossível de localizar.

A ausência de direção criou um vazio de poder em sua companhia, com algumas pessoas muitos níveis abaixo de sua posição insistindo em receber a liderança do Mágico, enquanto outras, diversos escalões acima de você, estão conspirando para a remoção do Mágico. Você escuta casualmente afirmações traiçoeiras da parte de vários gerentes e diretores que o próprio Grande chefe Virtual contratou ou nomeou no passado. Você gostaria de avisar o chefe Virtual, mas não se anima a lhe mandar um *e-mail*.

Enquanto isso, você tem que cumprir sua função — ou mesmo duas, se tiver de tomar decisões no lugar do Mágico. De qualquer modo, há apresentações a serem feitas e clientes a desenvolver; há subordinados a dirigir e administradores de nível médio a apaziguar. As exigências constantes do trabalho devem ser atendidas, com ou sem instruções do Mágico, e todos os demais em sua organização parecem querer seguir eles mesmos a Estrada de Tijolos Amarelos, aquela que Dorothy e seus amigos pegaram para chegar à Cidade Esmeralda, na história do Mágico de Oz.

Problema Número 6: Ninguém descobre onde ele está.

Você não consegue encontrar seu chefe, muito menos conseguir um comentário da parte dele sobre uma nova iniciativa. Você deixou um recado urgente com seu assistente, mas ao não receber qualquer resposta, telefonou para os números que conhece em Nova York, Londres e Vancouver, sendo as mensagens arquivadas pelas respectivas secretárias eletrônicas. Assustadoramente, a sua vida dentro do labirinto corporativo começou a lembrar uma versão em *reality show* de *Where's Waldo?*[3] Todos os funcionários estão desesperadamente procurando alguma resposta do Mágico ou a transmissão de seu selo de aprovação enquanto ele parece estar, na verdade, a se esconder.

Solução Número 6: Considere mensagens alternativas sobre o próximo passo.

As ausências constantes do Mágico abriram um buraco enorme na estrutura corporativa de tomada de decisões. As decisões não podem ser tomadas a não ser que ele esteja por perto, contudo ele nunca está por perto para decidir coisa alguma. Mas só porque existe um vácuo de poder, isto não significa que você também precise caminhar no vácuo.

Faça uma avaliação ponderada dos fatos disponíveis. Tome uma decisão racional. Comece a coletar as opiniões dos outros gerentes de nível superior que puder encontrar. Pode aproximar-se deles, um a um, e dizer:

— *Deixei cinco mensagens para "Larry" sobre este assunto e até agora não recebi a menor resposta. O prazo está acabando e eu comecei a pensar que podemos tomar a iniciativa na sua ausência, fazendo X, Y e Z. Se*

---

[3] Referência a uma série de livros infantis escritos e ilustrados pelo artista britânico Martin Handford, depois transformada em série televisiva, em que o personagem (conhecido no Reino Unido como Wally) viaja pelo mundo inteiro. Nos livros, o leitor deve localizar Waldo em desenhos de página inteira cheios de personagens e objetos. (N. do T.).

você concordar, vamos iniciar o projeto e eu estou disposto a assumir a responsabilidade e me encarregarei de manter Larry a par de nosso progresso o tempo todo, tanto quanto for possível.

A partir daí, certifique-se de mandar mensagens eletrônicas para Larry a respeito de quaisquer mudanças feitas no projeto e quais novas providências serão tomadas. Envie comunicados por meio de mensagens urgentes por celular ou para os telefones fixos que conhece ou use o fax, caso acredite que a questão em pauta o alcançará assim mais depressa. Envie cópias de tudo para cada pessoa a quem pediu opinião, cada indivíduo que participou do projeto na ausência de Larry e particularmente para o assistente de maior confiança dele.

Quando o chefe desaparece, é ainda mais importante que de costume manter as linhas de comunicação interna totalmente desobstruídas. Você não quer que o projeto perca ritmo, estagne ou simplesmente desapareça no ar com um PUF!...

MANTRA CORPORATIVO

"Líderes aprendem e se desenvolvem, não nascem sabendo", declarou Vince Lombardi, o lendário treinador do time de futebol americano Green Bay Packers. Caso você seja capaz de negociar o preenchimento de uma fenda na administração, talvez possa também empregar esse sucesso para obter uma promoção. Apenas garanta que aqueles que se encontram a seu redor percebam que você está gerenciando uma necessidade real e não simplesmente tomando fôlego para dar um bote indevido em busca de poder.

CUIDADO COM O CHOQUE DE RETORNO!

Grande parte dos Mágicos iniciaram sua vida corporativa como humildes gerentes secionais. Com frequência, demonstraram aptidão espantosa para a tarefa e foram sendo promovidos múltiplas vezes, até possivelmente atingirem uma posição além de sua capacidade. Caso seu Mágico local tenha recebido a incumbência de administrar mais de duas filiais da corporação localizadas a mais de 800 km uma da outra, ele pode se ressentir mais do fato de não estar presente para tomar decisões do que você e seus colegas lastimam sua ausência. Ele pode sentir que sua liberdade de ação está encolhendo e contrariar suas tentativas de assumir uma parte dela.

Para evitar uma futura chicotada dos caprichos de seu Mágico, você poderia discutir algumas ideias que irão efetivamente aumentar o poder dele em sua ausência.

- **REUNIÕES DOS GERENTES NAS MANHÃS DE TERÇA-FEIRA.** Dê um jeito de conseguir que o Mágico telefone (e coloque em viva-voz para que ele dê suas ordens diretamente) de qualquer lugar em que se encontre. Respeite o fato de que, para a maior parte dos chefes ausentes, menos vale mais, portanto não o prenda por mais de trinta minutos e encerre as reuniões logo a seguir;

- **CONDENSE AS CONCLUSÕES EM UMA ÚNICA SENTENÇA BREVE.** Reúna todas as questões da equipe em uma única sentença e então mande uma mensagem de texto via celular ou fax a seu chefe, de modo que ele possa ler bem depressa; e então indague: *"Sobre a nova proposta, está a favor ou contra?"*;

- **CADA SEGUNDA QUINTA-FEIRA, CONSIGA UMA REUNIÃO INDIVIDUAL COM SEU CHEFE (SE ELE APARECER).** Adote a sugestão prometendo manter as reuniões superbreves. Então suba no conceito dele cumprindo a promessa à risca.

Problema Número 7: Contra todas as expectativas, o mágico aparece de surpresa.

Na semana anterior, ninguém conseguia viver sem ele. A equipe inteira estava frenética para descobrir o paradeiro do chefe.

— *Diga a ele que, caso não possa vir, a reunião será cancelada* — determinou-lhe o Diretor de Contas Sênior, tomando a decisão unilateralmente. Uma vez que o Diretor de Contas Sênior ocupa a terceira posição mais importante no totem administrativo, você levou a ameaça muito a sério. Novamente, tentou entrar em contato com seu chefe. Mas como de costume, ele permaneceu incomunicável e a equipe foi forçada a elaborar um plano de contingência. Agora todo mundo colaborou para elaborar o Plano B. Os apresentadores foram escolhidos. As pesquisas já estão bem adiantadas... quando seu chefe finalmente aparece e lhe anuncia que estará, de fato, presente na tal reunião e está até mesmo ansioso por ela.

Solução Número 7: Marche junto com ele.

Quando você é comandado por um Mágico, planejar para o inesperado é sempre uma boa ideia. Por enquanto, seu chefe ainda é o homem responsável por tudo (mesmo que isto signifique ter licença para levar todos os subordinados às raias da loucura e consistentemente não sofrer o menor contratempo por isso).

Agora o problema real é como seus clientes poderão perceber as constantes entradas e saídas de seu chefe na execução do projeto. Não importa até que ponto a agenda amalucada de seu chefe bombardeie a ordem interna da empresa como pedras lançadas por uma catapulta, você jamais tem interesse em que seus clientes percebam que suas idas e vindas poderão prejudicar seu projeto especial. Porque, verdade seja dita, a única coisa com que qualquer cliente realmente se importa é seu interesse próprio.

Para diminuir o impacto de seu retorno súbito, considere uma forma de dar a seu chefe um papel cerimonial na reunião. Por exemplo, você pode sugerir que ele abra a reunião e introduza todos os presentes que estão ao redor da mesa, mencionando brevemente a maneira como ele ou ela contribuiu para a realização do projeto. A seguir, você ou os outros escalados para essa tarefa podem apresentar aos clientes as etapas reais do projeto, com menor preocupação sobre qualquer intervenção intempestiva do Mágico.

DICA

EXPRESSA

Aproveite as modernidades dos celulares e envie vídeos pelo celular. Mande notas detalhadas ao Mágico sobre o ensaio da reunião via *e-mail*. Pelo menos ele não vai poder repreendê-lo por não ter tentado.

Problema Número 8: *Você vem apresentando todas as desculpas possíveis para proteger o mágico (mas ele nunca está por perto quando precisa do apoio dele).*

Um Mágico pode ser um aliado perigoso. Você pode pensar que ele saberá apreciar a sua lealdade imorredoura para com ele e seus esforços estrênuos para mantê-lo na direção dos projetos. Mas ao contrário, ele poderá encarar seu entusiasmo como um sinal de insegurança, indecisão ou mesmo indiscrição. Observe a coisa de seu ponto de vista: todas as seis pessoas em sua lista de cópias de mensagens estão agora perfeitamente cientes de que ele não esteve por perto para distribuir suas pequenas gotas de sabedoria. Ele poderá sacudir sua varinha mágica para fazer sumir os seus *e-mails* quando quiser, mas não existe a menor chance de que eles desapareçam.

Solução Número 8: *Em duas palavras – crie uma trilha de papel.*

Existe um buraco na configuração administrativa que é justamente do tamanho do seu Mágico. Mas fique tranquilo, porque, mais cedo ou mais tarde, os escalões superiores ou a diretoria decidirão a melhor maneira de tapar esse buraco. Isto significa que a partir de então a pesada carga da culpa será retirada completamente de seus ombros.

Pense em seu escritório como uma comunidade extremamente unida cujos habitantes podem praticamente ler os pensamentos uns dos outros antes que sejam expressados. *Você não é a única pessoa* morando no vilarejo do escritório a perceber que está sempre perto para preencher as fendas e amarrar as pontas. Simplesmente continue a realizar a mesma tarefa excelente que sempre fez e há uma boa possibilidade de que sua vez chegará (preferivelmente antes que fique tão velho e enrugado como o Mágico!). Enquanto isso, mantenha registros meticulosos de cada reunião, mande as mensagens para seu chefe ausente com cópias para o resto do clã e conserve seu sorriso. Ninguém desejará promover um mártir melancólico à posição antes ocupada pelo Mágico.

Simplesmente Estatísticas

De acordo com uma pesquisa da MSN-Zogby (2), 58% das pessoas que trabalham para alguém dizem que gostam de seus chefes, 18% afirmam que toleram e 5% dizem que odeiam (por que você pensou que era o único?).

Problema Número 9: Você não consegue entender sequer uma palavra do que ele diz.

Ele fala em uma linguagem floreada que você acha difícil de interpretar. Ainda que seus pensamentos pareçam sábios, você não faz a menor ideia do que significam. Ocasionalmente, outros que sentaram na mesma reunião chegam a uma interpretação completamente diferente das sugestões do Mágico. Você acaba desejando ter um doutorado em qualquer que seja a linguagem na qual o Mágico pareça estar balbuciando. Quer ele esteja deblaterando sobre custos, resultados das vendas ou retornos de investimentos, tudo lhe parece ser grego.

Solução Número 9: Contrate um tradutor.

Muitos chefes têm pouca habilidade para se comunicarem. Longas estadas fora do país podem exacerbar o problema. Seu chefe pode estar passando longos períodos de tempo em uma filial no estrangeiro em que os costumes são totalmente diferentes. Acrescente a isso uma pesada agenda de viagens que descontrola os ritmos de sono de seu chefe. Se ele consegue funcionar assim mesmo, ainda está sofrendo com o *jet-lag*, a diversidade dos fusos horários que tem de atravessar em suas viagens a jato. Também pode acontecer que seu chefe passe pulando para diferentes partes do país e retorne com um sotaque e expressões locais que o faz ainda mais difícil de entender que de costume.

Procure no escritório as pessoas que conseguem interpretar o estranho dialeto empregado pelo Mágico e repasse com elas cada passagem das reuniões, até que você consiga dominar seu tipo particular de língua franca. No caso de reuniões particularmente importantes, arranje um gravador ou considere convidar a sua secretária para estar presente e tomar notas, porque provavelmente ela se comunica mais com ele do que qualquer outra pessoa da equipe e consegue assim entender melhor o que ele fala.

Problema Número 10: **Ele acha que está perdendo seu poder.**

Certo dia, a filial que ele administrava no Sri Lanka é fechada pela diretoria da empresa por uma razão ou outra. Ou uma das grandes contas que ele administrava é encerrada pelo cliente. O funcionário que costumava contar os zeros em suas frequentes prestações de contas sobre viagens aéreas é convocado de volta para a matriz com grande fanfarra. Ou ele encontrou pouca receptividade da parte de seus superiores, que ele interpreta como má vontade ao retornar para a filial local em que você trabalha. De repente, o grande Mágico está presente o tempo todo, só que agora passa sentado à escrivaninha, girando os polegares por falta do que fazer. Durante suas frequentes ausências, os diversos membros do seu pessoal assumiram as suas tarefas e ele descobre que delegou tanto que praticamente não existe mais. Enquanto isso, correm especulações ao longo da linha das fofocas, mencionando que em breve ele vai ser designado para outro posto, será aposentado ou demitido, ou mesmo que o homem que agora senta em seu escritório é uma miragem e que o Mágico verdadeiro simplesmente já desapareceu.

Solução Número 10: **Continue fiel a seu mágico e talvez acabe por ser promovido.**

Não presuma que as constantes viagens do Mágico ao redor do globo lhe conferiram uma quantidade adicional de poder de permanência. Esta pode ser perfeitamente a primeira vez em que o Mágico experimentou uma genuína turbulência. Ele pode conseguir manter seu emprego ou então explodir e cair aos pedaços. Mas, em qualquer eventualidade, é uma boa ideia que você permaneça leal a seu chefe. Se ele for designado para outro ponto, você terá uma oportunidade excelente de ser promovido (especialmente se tiver a sua aprovação). Se ele acabar por perder seu emprego, mas você sempre lhe demonstrou seu apoio, pode ser que ele arranje uma posição em outra companhia e o leve consigo (há maneiras piores de ganhar um aumento). Mesmo que ele acabe indo embora e você prefira continuar onde está, receberá o devido crédito de seus superiores por ter permanecido leal

» a ele em uma situação difícil. Deste modo, em vez de ficar ansioso a respeito de seu próprio destino, procure demonstrar-lhe alguma compaixão. Faça o melhor que pode para escudar o Mágico dos observadores curiosos que possam estar imaginando de que jeito ele está ocupando seu tempo agora que não tem absolutamente mais nada para fazer o dia todo.

COMO O MÁGICO CONSEGUIU ALCANÇAR O PODER.

Grande número de companhias tem tolerância zero para Mágicos. Já em outros ambientes corporativos, os Mágicos prosperam. Se o seu continua ativo à sua maneira, claramente as condições em sua firma são favoráveis para um Mágico adquirir poder e subir dentro da organização. Eis a seguir algumas destas condições especiais:

- **DORES DE CRESCIMENTO.** Depois de uma fase de crescimento gigantesca, não existem pessoas qualificadas suficientes para executar todo o trabalho de administração. Desta forma, é comum gente como o Mágico ficar encarregada de múltiplas filiais;

- **A FORMA DE REALIZAR OS NEGÓCIOS É PREDOMINANTEMENTE ELETRÔNICA.** Os funcionários subordinados já estão acostumados a ter pouco contato direto com os tomadores de decisões;

- **A CULTURA CORPORATIVA É ORIENTADA PARA O ESPÍRITO DE EQUIPE.** Ainda que o Mágico conserve o poder decisório final, ele sabe que alguns de seus subordinados aceitarão o desafio de sua ausência e tomarão decisões quando ele não estiver por perto;

- **A COMPANHIA INTEIRA ESTÁ FINGINDO ENTENDER.** A companhia acaba de ingressar em uma nova área de crescimento que poucos dos executivos conhecem e/ou o Mágico foi promovido para gerenciar uma nova área que eles não compreendem bem;

- **UMA OU MAIS FILIAIS PASSAM POR DIFICULDADES.** Uma mudança importante na administração superior, uma compra por outra firma ou uma fusão com outro conglomerado pode devastar uma filial em particular dentro da rede enquanto deixa intactos outros escritórios. Ainda que as ausências constantes do Mágico causem vasta confusão no escritório saudável, a administração superior tolera os problemas, porque presume que ele está concentrando seu trabalho na filial desorganizada até que ela volte novamente a funcionar. É claro que os resultados podem ser ou não ser os que esperam.

A REGRA DE OURO: Enquanto voa de uma filial para outra, o Mágico deixa um vácuo de poder nas operações diárias da empresa. A administração superior pode até ter empatia por ele durante algum tempo, mas inevitavelmente o responsabilizará quando acabar a sua paciência. Faça um esforço para preencher os espaços provocados pelas partidas frequentes de seu chefe e em breve poderá ser promovido à condição de Mágico.

though
capítulo 3

A mascote hesitante

Meu chefe parecia ter uns 100 anos de idade.
Mas ele era um velhaco muito esperto.

Seu título impressionante é completado por longas palavras latinas, tais como *emeritus*. Mesmo que seja mobiliado com móveis de carvalho ainda perfumados, seu escritório de janelas palacianas está a um andar de distância das salas de ação permanente em que se tomam as verdadeiras decisões. Ele tem pelo menos uma década a mais que qualquer outro chefe de departamento. Pode até mesmo apresentar algumas afetações retrô, tais como empregar palavras ou expressões fora de moda ou uma encantadora e excêntrica falta de familiaridade com celulares, computadores e até mesmo com máquinas xerox.

Ele sabe recordar histórias a respeito dos dias de glória da firma — antes da fusão, antes do escândalo, antes de se transformar em uma empresa por ações de capital aberto, antes de os escritórios centrais serem transferidos para a localização presente — coisa que ninguém mais da equipe consegue lembrar. Mas será que ele se acha totalmente presente no aqui e no agora?

Ele já foi presidente da diretoria, principal executivo, principal responsável pelo financeiro ou um diretor-presidente cujo paraquedas dourado o largou neste escritório em que ele continua a trabalhar todos os dias. Mas com relação às grandes atividades da companhia e às suas presentes operações diárias, ele se tornou apenas um fator tangencial. Quando todos os colegas ao seu redor acreditam que o homem a quem você apresenta seus relatórios se tornou irrelevante, qual a melhor estratégia a seguir?

Problema Número 11: **Você tem de prestar contas a alguém que todos os demais estão ignorando.**

Os projetos obscuros que ele lhe atribui têm impacto zero sobre os resultados finais da empresa. Ele é capaz de prendê-lo durante meses trabalhando em uma iniciativa que somente ele considera como sendo de interesse vital. (Sob sua direção, você acaba por se tornar o especialista residente em projetos sem fins lucrativos, por mais que esteja trabalhando em uma firma normal voltada para os lucros.) De que forma você conseguirá ser reconhecido por outros membros da administração superior da companhia, se seu trabalho para este chefe em particular faz com que se sinta invisível?

Solução Número 11: **Recorde sempre que nenhum homem é uma ilha.**

Mesmo que seu chefe governe apenas um pequeno feudo escondido em um canto remoto do andar da companhia conhecido como "terra de ninguém", ele não está sozinho. Sua situação exaltada de Mascote Corporativo (vacilante ou não) significa que ele ainda mantém contato com algumas figuras muito poderosas dentro da corporação. Você não tem escolha, senão lançar-se de corpo e alma em seus projetos com entusiasmo, mantendo a esperança de que eventualmente outro diretor além de seu chefe possa vê-lo e até mesmo considerá-lo como um recurso eficaz do grupo.

Ao mesmo tempo, reconheça que o isolamento que está sentindo é real. Prestar contas somente a uma pessoa que todos os demais consideram periférica não é a rota mais rápida para o progresso e a glória corporativos. Os demais subordinados provavelmente nem perceberão os seus esforços sem uma intervenção direta. E sabe de uma coisa? Você é justamente a pessoa indicada para intervir!

Em vez de se preocupar com o fato de que seu chefe não circula mais pelos corredores, considere como uma de suas responsabilidades informá-lo a respeito dos zumbidos correntes dentro da colmeia corporativa. Traga-lhe uma informação ou duas sobre o que está ocorrendo em outros pontos da companhia e, quando for apropriado, peça-lhe que procure participar também

> » desses interesses coletivos. Essas notícias podem ir de detalhes dos falatórios correntes (você ouviu dizer que a secretária de Ted guarda para ela todos os envelopes de chocolate em pó que lhe caem nas mãos — quem mais poderia então determinar que se adquirisse uma maior quantidade para as tropas sedentas?) até iniciativas muito maiores (você ouviu dizer que a equipe do 19º andar vem trabalhando há dois meses nos fins de semana — quem sabe seu chefe não deveria investigar o que está acontecendo?). Gentilmente force seu chefe a tomar um interesse ativo em um novo projeto que lhe trouxe à atenção. A partir desse momento, tanto você como seu chefe se sentirão muito mais relevantes.

DICA

EXPRESSA

Comece com coisas pequenas e veja se ele morde a isca. Inicie por lhe entregar pequenos aperitivos de informação que afetam somente algumas pessoas dentro da organização. Se ele mordiscar, dê-lhe pedaços maiores. Uma vez que ele não tem de prestar contas diretamente a ninguém, seu chefe dispõe de maior liberdade para se envolver em muitos projetos diferentes, caso tenha vontade.

Problema Número 12: Você não vê nenhum caminho definido para conseguir qualquer promoção.

Trabalhar para a Mascote da Firma não é exatamente o item inicial que você tinha imaginado para seu currículo empresarial. O homem para quem você apresenta seus relatórios tem idade suficiente para ser seu avô. Você duvida que ele se preocupe em preparar seu futuro, considerando que os "dias de glória" dele já eram uma recordação distante muito antes que você nascesse. Não há uma equipe diretamente subordinada a ele. Caso exista mesmo uma escada corporativa, está encostada contra qualquer parede escondida em algum departamento completamente diferente. Com o salário de fome que você recebe, seria melhor até trabalhar na sala de classificação da correspondência (ali você teria ao menos mais visibilidade).

Solução Número 12: Pare de pensar em termos de escada corporativa e elabore um plano de voo para seu próprio destino.

Pergunta: de que maneira você poderá subir degrau a degrau pela escada corporativa de sua firma quando as escadas corporativas virtualmente desapareceram em milhares de companhias devido às mudanças administrativas que ocorreram nos últimos anos? A resposta é realmente simples: você não pode! É tempo de encontrar um modelo totalmente novo para avanço na carreira corporativa, envolvendo saltos em vez de etapas.

Uma atitude inteligente pode ser permanecer por alguns anos em seu primeiro emprego (apenas para que seu currículo demonstre que você é notavelmente estável) e então conseguir pular para um trabalho completamente diferente dentro da mesma companhia que possa ajudá-lo a desenvolver novos conjuntos de habilidades. Após passar alguns anos aqui, talvez você precise pular outra vez — só que agora para um trabalho completamente diferente em outro conglomerado. Imagine que você é um arquiteto e recebeu a tarefa de construir sob medida a trajetória de sua própria carreira. Faça um esforço para aprender o quanto for possível durante cada etapa ao longo da trilha. Mas enquanto você está aprendendo a lidar com as secantes e tangentes

» do proverbial *eixo do y*, recorde que já é tempo de saltar para uma função totalmente nova na qual possa dominar ainda mais habilidades.

Está pensando que todos estes pulos irão requerer um gigantesco Salto de Fé? Procure pensar no tempo futuro. Para encarar o destino de sua própria carreira é conveniente manter sempre em mente seu alvo final. Imagine o que gostaria de estar fazendo dentro de vinte anos e então retorne ao longo da trajetória para descobrir precisamente o que precisa fazer agora a fim de conseguir chegar lá. Sempre pense em termos de desenvolvimento de capacidades e não na aquisição de títulos e assim se sentirá mais feliz com seu progresso.

MANTRA CORPORATIVO

 "Eu sempre quis ser alguém, mas deveria ter sido mais específica", disse Lily Tomlin. Se você for capaz de imaginar sua carreira final com os olhos da mente, já percorreu metade do caminho. Deste modo, gaste alguns minutos de cada dia fantasiando que já se tornou a pessoa que você deseja ser. Muitos atletas agem assim. Muitas atrizes fazem isso. Até mesmo a autora deste livro tem feito isso. Espero que algum dia você entre em nosso grupo.

Problema Número 13: *Você não está realizando o trabalho para o qual foi contratado.*

Você finalmente conseguiu o emprego com que sonhava, somente para vê-lo desaparecer mais depressa que um sonho quando se acorda. Você pensava ter obtido um emprego de alto nível em que faria projeção de mercados. Em vez disso, o trabalho que seu chefe lhe dá para fazer parece mais o de um escriturário comum, e depois acha que lhe deveriam estar pagando horas extras todas as vezes que tem de trabalhar noite adentro para completar suas atribuições. Você tem a impressão que deu dois imensos passos para trás — para a penúltima função que exercia, antes de seu último emprego. É difícil viajar para trás quando todos os demais parecem ter uma carreira em movimento constante para a frente. Puxa vida! Se a coisa continuar assim, logo você estará de volta à faculdade esfregando o chão do refeitório a fim de descolar uma graninha a mais para os fins de semana.

Solução Número 13: *Reconheça que está em uma área cinzenta: tente tornar seu ambiente menos melancólico.*

Quando você foi contratado, provavelmente ninguém lhe entregou uma descrição formal de seu emprego impressa em uma folha de papel. (Se por acaso alguém o fez, guarde-a com todo o cuidado, porque é seu bilhete de saída.) Existe uma enorme área cinzenta entre o que você e seu chefe pensam ser a sua função. Ele absolutamente não concorda que os seus talentos estejam sendo desperdiçados simplesmente preenchendo formulários e digitando documentos. Ele simplesmente está feliz da vida, porque conseguiu *alguém* para fazer esse serviço.

A melhor maneira de apresentar suas preocupações será manifestar-se durante sua revisão anual. Desencave todos os fatos que puder. Verifique se as coisas funcionam de forma diferente em outros departamentos. Tente conservar alguns *e-mails* elogiosos a respeito de seu desempenho para apresentar nesta ocasião ou, melhor ainda, uma lista de resultados reais para confirmar como tem se esforçado. Saliente todas as contribuições fabulosas que poderia fazer para a empresa se não estivesse sobrecarregado com tantas tarefas monótonas todos os dias.

> E se você encontrar resistência? Atravesse o engarrafamento consultando a seção seguinte: *Como Negociar sua Passagem por meio de um Perigoso Empate em sua Revisão de Desempenho.*

COMO NEGOCIAR SUA PASSAGEM POR MEIO DE UM PERIGOSO EMPATE EM SUA REVISÃO DE DESEMPENHO.

Você imagina ter condições para ser um executivo. Apesar de todas as evidências em contrário, seu chefe o encara como apenas um peão, somente meio nível acima do pessoal da manutenção. As suas tarefas manuais de escritório superam de três em um as atribuições executivas que ele lhe delega.

De algum modo, você consegue manter o bom humor. Você se dedica a todas as tarefas recebidas, não importa quão secundárias sejam. Sua revisão de desempenho anual aguardada por tantos meses finalmente chega. Armado com relatórios brilhantes sobre o trabalho fabuloso que vem executando, você diz a seu chefe, muito polidamente, que embora esteja agradecido pela oportunidade de ouro que ele lhe está dando, sente que é capaz de realizar muito mais.

Seu chefe o encara do fundo de seus olhinhos e lhe diz: "Conservá-lo em uma situação de constante desafio mental é a menor de minhas preocupações. Se não se acha feliz aqui, talvez seja melhor que peça demissão". Ôpa! E agora? Bem, seguem algumas opções.

- **RECUE.** Diga qualquer coisa que não pareça ameaçadora a seu chefe, tipo: *"Esta revisão não está transcorrendo do jeito que eu esperava"* e desvie a conversa para outro assunto. Em vez de tirar do cesto uma grande quantidade de roupa suja para indicar como se sente maltratado, focalize apenas uma tarefa das mais humilhantes que gostaria fosse retirada de sua lista de obrigações;

- **APELE PARA OUTRA AUTORIDADE.** Expresse sua gratidão por todas as coisas que aprecia em seu trabalho e saia da reunião com cara alegre. A seguir vá diretamente ao departamento de Recursos Humanos e exponha a questão com sinceridade, mas sem se queixar, ou converse com algum amigo de confiança dentro de seu próprio departamento. Com sorte, uma dessas pessoas lhe poderá dar algumas dicas de como agir com seu chefe de tal modo que possa fazê-lo mudar de opinião posteriormente;

- **DESISTA DE SUAS REIVINDICAÇÕES.** Isso não é uma simples questão de covardia. Você ainda pode ganhar a parada. Assim que uma reclamação foi exposta, ela continua lá. Depois que seu chefe tiver algum tempo para digerir sua reivindicação, ele pode finalmente considerar que você está com a razão.

Problema Número 14: *As instruções de seu chefe não são mais relevantes.*

Cada vez que você escuta uma das sugestões de seu chefe, tem a sensação de que teria sido uma excelente ideia trinta anos atrás, quando aquela personagem interpretada por Mary Tyler Moore conseguia "transformar o mundo com seu sorriso".[4] Você quer que seu chefe aprove o que você está fazendo, mas as ideias dele são tão retrógradas que acredita que, caso as aplique, enviará mensagens erradas a todos os clientes em potencial — como uma carta escrita em papel timbrado e já meio amarelado, com os antigos endereços da companhia e enviada pelo correio das lesmas.

Solução Número 14: *Desenterre do meio das instruções qualquer cerne de sabedoria que ainda contenham.*

Chefes muito velhos, favorecidos com títulos cerimoniais, estão algumas vezes presos em uma fenda temporal. Mas isso não é razão para descartar todas as suas sugestões. Dentro de um saco de ideias ultrapassadas pode estar escondida uma pérola que ajudará a salvar a empresa, ganhar um novo cliente ou recuperar um projeto em más perspectivas. Frequentemente uma única gema preciosa é suficiente. Decida permanecer aberto a todas as suas ideias, não importa de onde elas tenham germinado. E se uma grande ideia por acaso saltar dos lábios de sua mascote hesitante, não esqueça de devolver-lhe os maiores elogios da melhor forma consagrada pelo tempo.

---

[4] Mary Tyler Moore (*1936) é mais conhecida pelo programa de televisão *The Mary Tyler Moore Show* (1970-77) em que ela interpretava o papel de "Mary Richards", cuja canção-título (*Love is All Around* [O Amor está em toda parte], de Sonny Curtis, começava com o verso *Who Can Turn the World on with her Smile?* [Quem pode transformar o mundo com seu sorriso?]). Mas a frase mencionada surgiu inicialmente no filme *What's So Bad About Feeling Good?* (O que há de errado em se sentir bem?), com George Peppard, exibido em 1968, intitulado no Brasil *Não Importa que Morram*, em que uma infecção espalhada por um vírus faz com que as pessoas se sintam felizes e bondosas e procurem espalhar mais ainda estes sintomas, embora as autoridades os tratem como uma perigosa ameaça. (N. do T.)

Problema Número 15: Ele emprega sua fraqueza física como um eficaz meio de manipulação.

Quando outros na companhia se juntam contra ele, a mascote hesitante começa a tropeçar enquanto caminha. Ele desenvolve uma audição seletiva. Não é fascinante como ele só parece escutar as boas notícias? Sempre que seja humanamente possível, sua memória para fatos e números se torna ainda mais seletiva. Será que você é a única pessoa a perceber que, por baixo dessa aparência frágil, existe um homem duro e resistente que pretende impor a sua vontade de uma forma ou de outra, nem que seja por chantagem emocional?

Solução Número 15: Permaneça forte (e o apoie sempre).

Em um mundo comercial competitivo em que os mentores desapareceram ainda mais depressa que os programas de treinamento, uma mascote pode ser uma tremenda aliada, caso você se disponha a aceitar a sua ajuda. Embora sua cadeia de comando possa não ser aparente, recorde sempre que ela não estaria ainda andando pelos escritórios da matriz se não tivesse uma ligação forte com alguém de grande influência dentro da companhia.

Todo chefe tem os seus pecadilhos. (Falando nisso, todos nós, os meros mortais, também temos os nossos.) Mas diferentemente do que aconteceria com muitos outros tipos de chefes, você não constitui uma ameaça direta à mascote. Ele sobreviveu a *trocentas* mudanças de administração, mas ainda está entrincheirado. Uma vez que é impossível para você tirar o emprego dele, não tem nada a perder em ajudá-lo a seguir em frente. Demonstre tolerância para com as excentricidades de sua mascote hesitante em vez de desprezo e se disponha a aprender o quanto puder com ela enquanto permanecer a seu lado. Bastará um pequeno empurrão por parte da mascote para impulsionar sua carreira por um caminho totalmente diferente.

A REGRA DE OURO: A mascote hesitante tem pouco a perder se o ajudar a avançar. Assim, ela pode se tornar uma excelente advogada a seu favor. Esforce-se para tornar sua mascote hesitante mais relevante mantendo-a a par dos zumbidos que percorrem a colmeia do escritório. Mantenha-a alimentada com pequenos falatórios cobertos de mel e isto poderá ajudá-lo a estabelecer uma linha direta como um voo de abelha para sua próxima promoção.

[capítulo 4

O tira bonzinho e o tira malvado

Eu tinha dois chefes responsáveis pelo mesmo escritório. Não tenho plena certeza de que alguma vez eles conversassem um com o outro.

Já é bastante ruim ter um chefe. Mas só imagine a alegria sem par de ter de servir a dois senhores. (Por exemplo, o gerente administrativo e o gerente financeiro.) A gente se sente como uma humilde bolinha de tênis batendo contra as raquetes de seus egos.

— Mas Larry disse... — você explica a Stanley (quando ele lhe dá uma diretiva completamente diferente a seguir).

— Mas Stanley disse... — você relata mansamente ao se encontrar de novo com Larry.

Embora ambos os tiras sempre pareçam levemente interessados no que foi dito por suas contrapartes, a informação nunca é suficiente para mudar suas respectivas opiniões até que a partida já esteja bastante avançada.

Naturalmente, você se dá melhor com o Tira Bom (Larry), porque ele é o mais gentil dos dois. É ele que transmite as coisas agradáveis que mantêm seu interesse pelo emprego sempre vivo — boas notícias, batidinhas nas costas acompanhadas de elogios para conservar seu moral alto e a designação dos projetos mais interessantes. O Tira Malvado nunca lhe dá boas notícias e conserva uma máscara permanente de mau humor em seu rosto enrugado. É muito raro que ele conceda aumentos ou promoções e realmente não é lá muito popular entre seus colegas.

Mas de que jeito você conseguirá manter tudo funcionando corretamente quando estes dois adversários se demonstram absolutos gênios na criação de um ambiente disfuncional?

Problema Número 16: *O Tira Bom diz "A" e o Tira Malvado diz "Z"; a seguir o Tira Bom diz...*

Na última reunião, os dois concordaram em discordar. Mas eles definitivamente concordaram a respeito de uma única coisa: a orientação da apresentação deve ser ou "A" ou "Z", sem meio-termo. Agora o Tira Bom finalmente resolve encerrar a discussão e aceitar que seja "Z". Mas enquanto isso, o Tira Malvado também mudou de opinião e agora acredita que deve ser "X". Sua cabeça já está girando e você não está inteiramente convencido de que "X" e "Z" sejam coisas lá muito diferentes.

A incompreensível habilidade de ambos os chefes para abandonarem suas opiniões anteriores quando o prazo final se aproxima deixa não somente você, mas todos os colegas do escritório totalmente apalermados. Você tem a impressão de que pelo menos metade de seu trabalho é agir como tradutor entre duas pessoas que o acaso juntou em dois escritórios um ao lado do outro. Será que esses dois caras que recebem polpudos salários da companhia são incapazes de tomar a porcaria de uma decisão?

Solução Número 16: *Chegou a hora de soprar o apito: junte os dois tiras na mesma sala agora!*

O tira bonzinho e o tira malvado aparentemente vivem em polos opostos, porém na realidade pertencem à mesma equipe. Mas acontece que eles são iguais em posição e autoridade, portanto é imperativo que você consiga se dar bem com os dois tiras. Evite tomar partido no jogo de tênis de sua vida insistindo polidamente em se reunir com os dois na mesma sala, apresente o assunto e permaneça firmemente neutro. Será mais difícil para qualquer dos dois brigar com um neutro. Foi assim que a Finlândia e a Suíça evitaram problemas importantes durante décadas.

O Funcionamento Interno da Mente de um Tira (Bom ou Malvado).

Quando o Tira Bom diz "A", ele já sabe de antemão que sua determinação está sujeita a ser contrariada pelas instruções do Tira Malvado. Deste modo, ele realmente investe muito menos em "A" do que faria caso fosse o único chefe. O mesmo ocorre com o Tira Malvado. Ele pode ocasionalmente abrir um bocão quando suas diretivas não forem satisfeitas. Mas lá no fundo, sabe muito bem que, para sobreviver dentro da companhia, ele e o Tira Bom precisam compartilhar o poder. É lógico que o caos se estabelece quando o tira bonzinho e o tira malvado mudam de opinião como o camaleão muda de cor (mas ainda assim conseguem continuar discordando um do outro). A infinita troca de farpas entre cada tira individual e diversos funcionários sob sua direção comum é aceitável para ambos os tiras que, sendo incapazes de derrubar um ao outro de suas respectivas cadeiras, encontram uma alegria toda especial em desorientar seus infelizes subordinados.

Problema Número 17: Código amarelo: o tira malvado para de falar com você.

Você sempre achou o Tira Malvado um tanto assustador. Talvez seja devido a seu hábito de olhar através de você com seus dois olhinhos cinzentos que parecem duas bolinhas de gude. É como se ele quisesse fazer com que você confessasse que anda roubando os lápis do escritório. Ou talvez seja a forma como ele sempre parece atarefado, mesmo nas ocasiões em que a carga de trabalho no escritório afrouxou. O cara nunca foi muito conversador e é por isso que você não sabe dizer com precisão quando foi que esse chefe parou inteiramente de falar com você. Mas agora que percebeu, já está se sentindo bastante ansioso com a situação. Aparentemente ele só lhe comunica suas mensagens por intermédio do Tira Bom. O que você pode ler no misterioso silêncio do Tira Malvado, se é que significa mesmo alguma coisa?

Solução Número 17: Não aperte o botão de pânico: primeiro tire a sua temperatura.

Grande número de Tiras Malvados são responsáveis pelo setor financeiro (o que os deixa parecer mal-humorados a maior parte do tempo). A chance mais provável é a de que seu Tira Malvado esteja de fato preocupado com qualquer coisa numérica que não tem nada a ver com você. Mas pode ser que tenha, caso em que o melhor é conduzir um autodiagnóstico.

Pergunte a si mesmo como você avalia seu desempenho recente. Você conseguiu realizar alguma grande venda ultimamente? Fechou alguns negócios novos? Tem feito chamadas telefônicas para oferecer produtos? Enviou seus relatórios dentro dos prazos? Preencheu corretamente o formulário de suas horas de trabalho? Caso você considere que seu desempenho está sendo de alto nível, provavelmente não tem nada a temer.

Mas e se você se der conta de que seu desempenho no trabalho tem sido fraco, oscilando entre medíocre e baixo como uma tábua de passar roupa? Nesse caso, o melhor que poderá fazer é empregar seu precioso tempo para calcular o que poderá fazer para melhorar o registro de sua atuação. Você pode convidar um cliente em perspectiva para almoçar? Redigir um relatório de pesquisa de alto nível? Elaborar um novo plano comercial? Redecorar as vitrines para atrair novos clientes? Reprogramar o carrinho do café e refrigerantes? Em resumo, o que você pode fazer para melhorar seus resultados dentro das próximas vinte e quatro horas a fim de impressionar o chefe malvado e distraí-lo de suas tragédias financeiras?

COMO VENDER SUA PRÓPRIA IMAGEM A SEUS SUPERIORES.

A autopromoção é uma arte e funciona melhor quando os negócios estão em franco progresso. Eis algumas técnicas empregadas pelos mais habilidosos autopromotores.

- **SUBA E DESÇA PELOS ELEVADORES CARREGANDO UMA PLANILHA.** Quando encontra seu chefe e este casualmente indaga como você está indo na empresa, aproveite este momento brilhante sob as fortes luzes fluorescentes para lhe mostrar alguma coisa extraordinária a seu respeito. *"Eu reprogramei o website da companhia"*, você poderá dizer-lhe — *"e três clientes já me disseram o quanto gostaram do novo formato"*;

- **DÊ UM EMPURRÃO EM SI MESMO.** Os principais executivos trabalham em média sessenta horas por semana. Comece a reforçar sua energia. Seja voluntário para iniciar um novo projeto no nanossegundo após haver terminado o anterior. Não perca o sono pensando na mordida que este dará em seu tempo de descanso e recreação. No momento em que seu chefe tiver localizado uma nova iniciativa digna de seus talentos, você já se sentirá descansado o suficiente para enfrentar a nova atribuição. Nunca é cedo demais para começar sua autoqualificação para executivo principal;

- **RECEBEU BOAS NOTÍCIAS? COMUNIQUE SEU SUCESSO SEM RESERVAS.** Você fechou um novo negócio? Garantiu um novo contrato? Arranjou um cliente novo? Recebeu luz verde de um investidor? Espalhe suas boas notícias. Fique à espreita de cada oportunidade de conversar com os chefes do departamento de relações públicas: nos corredores, nas máquinas de café e chocolate, no refeitório ou no banheiro masculino, caso você seja homem. (*Mulheres, tomem nota! O banheiro feminino não é um bom lugar para sua autopromoção. Esta é outra ocasião para confirmar que os sexos são separados, mas não são iguais.*);

- **ADOTE O *MODUS OPERANDI* DE SEUS DOIS CHEFES.** O tira bonzinho e o tira malvado têm estilos de comunicação muito diversos um do outro. Até o ponto que lhe for possível, tente imitar o estilo de cada tira e o empregue sempre que estiver lidando com ele. O tira malvado costuma mandar qual quantidade de *e-mails*? Por que não lhe manda uma mensagem de texto eletrônica de cada vez que tiver uma boa notícia? O tira bom tem mais jeito com pessoas e gosta de conversas individuais? Então mande-lhe mensagens de voz pelo celular, já que isto poderá mostrar a ele que você também gosta de falar diretamente com gente;

- **ALINHE-SE COM OS SONHOS E ASPIRAÇÕES SECRETOS DE SEUS CHEFES.** Por trás de seus títulos mirabolantes e da intensa luta por posições mais elevadas de direção, cada pessoa neste planeta basicamente quer ser reconhecida. Quando se gabar de seus próprios resultados, pense em maneiras segundo as quais os seus chefes poderão apreciar seu sucesso e aproveite-o para promover a si mesmo com seus superiores. Seja o arauto de boas-novas. Você pode abordar um de seus chefes no bebedouro e lhe dizer:

    — *A cliente acabou de me falar que a nova iniciativa foi a melhor que ela já recebeu a partir de nosso departamento.* (Está com medo que seu chefe roube todo seu crédito? Veja o capítulo 8, *O Caçador de Créditos.*);

- **O CONTATO PROLONGADO OLHO NO OLHO É O SEGREDO PARA MELHORAR SUAS CHANCES DE SUCESSO.** Não baixe os olhos ou vire o rosto para um lado quando estiver promovendo suas realizações, ou seu chefe poderá concluir que você não está particularmente orgulhoso de seu desempenho. Depois de todo seu trabalho árduo, esta seria uma impressão devastadora.

Problema Número 18: Código vermelho: o tira bom para de falar com você.

O Tira Bom é seu aliado, mentor, campeão, seu chefe bem-amado; e com bastante probabilidade a única razão por que você sente entusiasmo para vir ao emprego. Deste modo, naturalmente, é doloroso quando você acha que está sendo ignorado por ele. Depois de alguns dias de tratamento silencioso, sua tendência natural será a de procurá-lo e indagar diretamente qual é o problema. Mas isto seria muito pouco profissional.

Solução Número 18: Focalize seu trabalho e não as mudanças de humor de seu chefe.

A maneira mais rápida de aparecer novamente no radar de seu chefe pode ser a apresentação de uma nova ideia para seu exame. Sua apresentação pode ser uma proposta elaborada que você levou semanas pesquisando e redigindo, ou uma sugestão aparentemente espontânea lançada na mesa durante a reunião da equipe às 8h30 de uma segunda-feira. Em grande parte, isto irá depender da cultura corporativa do seu escritório.

Há duas coisas que você deverá ter em mente: ainda que sua sugestão pareça ter surgido de repente, será conveniente apoiá-la com alguns fatos. Por exemplo, você poderia dizer:

— *Alcançar o grupo das mães solteiras ainda jovens é importante para este esforço. Foi por isso que acabei de ter uma ideia excelente: por que não produzir bolsas superelegantes para transportar fraldas?*

Obtenha o apoio do grupo para sua ideia com uma linguagem que encoraje a cooperação, tal como: *"Se eu quiser organizar uma rápida enquete entre mamães solteiras recentes para ver se a ideia tem fundamento, vocês estarão dispostos a dar alguns telefonemas?"*. Garanta o apoio de seu chefe para suas ideias sempre que possível. Empregue sentenças como: *"Na verdade, eu apenas segui aquela sua sugestão de..."* ou *"Apreciaria muito a sua avaliação sobre..."* ou *"Se puxarmos juntos, sinto que conseguiremos"*. Ouse ser inovador.

DICA

EXPRESSA

Ocasionalmente, peça a ambos os tiras que deem sua opinião sobre seu desempenho. Isto inspirará os dois a pensarem em si mesmos como sendo os seus mentores. Aborde cada um deles separadamente e diga qualquer coisa como:

> *— Eu sei que ainda faltam vários meses para minha avaliação formal, mas estou imaginando se seria possível que o senhor me desse algum retorno informal. Como o senhor acha que estou me saindo?*

A partir de então, siga as suas sugestões para melhorar seu desempenho, sempre que for possível, visto que provavelmente os dois discordarão. Embora seja mais difícil conseguir um *tête-à-tête* com o tira malvado grosseirão, se você conseguir fazer com que morda a isca e passe a apreciá-lo melhor, então seu emprego realmente estará seguro.

Problema Número 19: Você é apenas um intermediário sem importância.

Se o tira bom fosse presidente dos Estados Unidos, ele conduziria uma pesquisa de opinião no Congresso, no partido e entre seus principais apoiadores, antes de tomar qualquer decisão. Ele é basicamente um apaziguador. Ele busca agradar as pessoas dentro e fora de seu departamento. O tira bom pode ser um moloide total, mas é sempre muito popular. O tira malvado é um guerreiro. Frio, calculador e detalhista, ele não se importa de entrar em um debate intenso desde que ache que a causa vale a pena. É uma pena que os pontos de vista do tira malvado com frequência divirjam radicalmente das opiniões do restante da equipe e, de repente, a sua função é a de encontrar um terreno intermediário.

Solução Número 19: Procure obter um consenso para encerrar a controvérsia.

Certa vez, Abraham Lincoln disse: "*É possível enganar algumas pessoas o tempo todo e todas as pessoas por algum tempo, mas não se pode enganar todas as pessoas o tempo todo*". Tampouco se pode agradar a todos. Algumas vezes, isso significa desagradar um dos dois tiras (todos sabemos provavelmente qual dos tiras se aborrecerá mais facilmente). Mas se você conseguir agradar a ambos a maior parte do tempo, estará se dando muito bem. Sua tarefa principal é descobrir uma solução que seja aceitável para a direção superior, calcular a habilidade de ambos os tiras para sopesar os fatos e aceitar ajustamentos de última hora e finalmente dar a chicotada proverbial de encerramento da controvérsia antes que fique muito tarde de modo que todos possam ir para casa e tenham tempo de tomar uma ducha antes de precisarem retornar pela manhã. Ou simplesmente reúna suficiente retroalimentação de ambos os tiras para chegar por si mesmo a uma decisão informada e siga nessa direção até que o mandem parar.

Problema Número 20: O tira bom lhe promete um aumento, mas o tira malvado diz que não concorda.

— Não podemos lhe dar nenhum aumento este ano, sinto muito — diz o tira malvado, sacudindo solenemente a cabeça durante a revisão de seu desempenho duas semanas depois que o tira bom lhe prometeu um aumento de salário. Você fica dividido entre o impulso de estrangular esse chefe muquirana (sem dúvida, você conseguiria uma redução da pena por bom comportamento) e o desejo igualmente forte de ir ao bar mais próximo para afogar suas mágoas.

Solução Número 20: Bisbilhote pelo escritório como quem não quer nada.

Mantenha a calma. Peça ao tira malvado que explique exatamente por que você não pode receber um aumento. Se ele não mencionar nenhum item negativo relacionado com seu desempenho, insista com ele até estabelecer uma agenda que indique quando você pode esperar receber o dinheiro. Não se envergonhe de pressionar até que ele concorde com um valor — 5%, 10%, 12% — e determine a data em que o novo pagamento se efetivará. Peça uma correção monetária para compensar o aumento que não está recebendo agora. Então peça delicadamente a seu tira malvado que coloque por escrito a data e o valor de seu futuro pagamento. Ele pode rabiscar diretamente na parte do documento de sua avaliação de desempenho que abre espaço para comentários. Se, ao contrário, ele mencionar algumas falhas em seu desempenho, trace com ele um plano de ação para superá-las. Faça um esforço para que a melhora no seu desempenho seja feita de forma planejada e esteja vinculada a um aumento efetivo dentro dos próximos meses.

Agora chegou o momento de se dedicar a um pouco de trabalho detetivesco. Com a ingenuidade estudada do antigo sabujo da televisão, o Tenente Columbo[5], pergunte a outros em seu departamento quando foi que conseguiram seus últimos aumentos e de que maneira. Indague se alguns deles

---

[5] Personagem de Peter Falk (1927-2011), na série do mesmo nome, apresentada na televisão em 1968-78 e 1989-2003. (N. do T.)

» receberam uma negativa e foram consultar o tira bom para saber o que se passava. Talvez a companhia esteja com fluxo de caixa insuficiente e precise fazer alguns cortes, entre eles os aumentos prometidos. Talvez seu nome se encaixe nessa categoria. Se esse for o caso, é ainda mais importante para você negociar algum tipo de aumento para o futuro mais próximo possível. Durante reorganizações da companhia, o departamento de Relações Públicas será solicitado a sugerir possíveis candidatos a demissão. Provavelmente os nomes que encabeçarão essa lista serão justamente os daqueles que não receberam nenhum aumento nos últimos tempos. Aparentemente, isso indica sua menor utilidade para a firma. Após escapar do machado por um triz desta vez, você absolutamente não deseja que seu nome apareça de novo para possível consideração.

Quando a ameaça de demissões está no ar, a negociação de um pequeno aumento dentro de três a seis meses poderá salvar seu emprego. O fato de que um aumento lhe foi destinado será documentado em sua ficha, tornando mais difícil para a companhia justificar o corte de seu nome na lista do pessoal.

A REGRA DE OURO: A presença de um tira bom e um tira malvado em um único departamento é símbolo de uma organização disfuncional. Essa estrutura lhes permite jamais terem de tomar uma decisão firme sem que isto prejudique seu conceito nos escalões superiores. Não lhe será possível agradar os dois o tempo todo, de modo que a melhor política será de vez em quando tomar o partido do tira malvado, que é menos popular, mas financeiramente o mais astuto dos dois.

capítulo 5

O viciado em administração

Nosso chefe nos mandava para tantos cursos de aperfeiçoamento em administração, que nem nos sobrava tempo para fazer nosso trabalho.

Ele se formou em uma universidade com a letra H — ou a Faculdade de Administração de Harvard ou, ironicamente, a Escola de Aperfeiçoamento de Recursos Humanos. Desde que se formou, ele passou a achar que sua missão na Terra era a de ler cada manual de administração recentemente publicado e examinar cada convite para cursos de fim de semana que lhe enviassem. Ele não decorou apenas as Sete Leis Espirituais do Sucesso, porém mais de setenta, e sempre está ansioso para compartilhar todas elas com a sua gente.

Ele está orientado para o processo e não enfocado nos resultados. É uma pessoa que acredita profundamente em criatividade, inovação e melhoramento constante — até o exagero. Seu chefe é o equivalente administrativo daquela pessoa que adota cada novo tipo de dieta que aparece.

Quer seja submetendo seu pessoal a um cursinho de fim de semana, quando podiam estar descansando ou trabalhando em casa para completar suas "declarações de missão", quer forçando-os a suportar mais uma série de exercícios com um consultor de gerenciamento para melhoria do grupo, seu chefe não só acredita que as mudanças sejam boas como também faz modificações por puro amor às mudanças.

Problema Número 21: Esse besteirol de preenchimento de declarações de missão.

Quantas vezes você pode escrever: *"Me divertir e prosperar"*? Você coça a cabeça e então modifica no formulário: *"Viver de forma agradável e lucrar com isso"* e depois acrescenta: *"Ser mais produtivo e inovador"* ou *"Inovar, percolar e especular"*... Espere um momento, foi uma rima, mas é mesmo português? Seu chefe está testando seu vocabulário pela terceira vez em menos de um ano, com o único objetivo de redigir uma declaração de missão que possa inspirar suas tropas. Suas próprias ambições nem de longe são tão elevadas. No momento, a única coisa que espera é que *este treinamento* faça com que seu chefe desista de uma vez por todas dessa mania de lhe pedir declarações de missão.

Solução Número 21: Ponha de lado as hipóteses: monte um laboratório de resolução de problemas.

Sessões de planejamento a longo prazo não têm sentido quando seu único propósito é o de serem concluídas pela redação de frases poéticas em declarações de missão. Se é só isso que seu chefe quer, o melhor que pode fazer é encontrar o melhor redator do escritório e convencê-lo a gastar algum tempo para redigir três sentenças capazes de melhorar o moral corporativo da turma inteira. Quanto mais pessoas tiverem que trabalhar na elaboração de uma declaração de missão, tanto mais confusa e sem sentido ela se tornará. O resultado será simplesmente uma algaravia corporativa que não poderá inspirar ninguém. Uma redação feita como trabalho em grupo raramente dará qualquer resultado. A Constituição dos Estados Unidos pode ser uma exceção, mas Thomas Jefferson fez sozinho o rascunho inicial e veja quantas emendas já aprovaram. Uma questão chave a ponderar: o que você poderá fazer durante um retiro de fim de semana longe do escritório que possa inspirar seus companheiros de trabalho para a grandeza comercial tão logo vocês retornem ao serviço?

Use o tempo gasto desta maneira para focalizar *problemas reais*. Tente formar um banco de ideias com seus colegas, destinado à solução de problemas que não seja simplesmente um exercício de futilidade. Reúna membros de

» cada departamento para um *brainstorming* a fim de examinar qual é o maior problema da empresa na atualidade e então entregue-o para seus colegas de fim de semana resolverem. O departamento de sistemas de informação da empresa pode ser muito criativo quando se trata de resolver as questões apresentadas pelo departamento de pesquisas de mercado.

DICA

EXPRESSA

Introduza um aspecto de jogo em seu retiro administrativo semanal para tornar a coisa toda mais agradável. Por exemplo, os vencedores podem ganhar algum prêmio pequeno, como camisetas com o logotipo da empresa, ao passo que os derrotados terão de escrever relatórios de conferência a respeito da experiência. Regra número um (sem exceções): os participantes não poderão trabalhar em problemas que estejam incomodando seus próprios departamentos. Regra número dois: o silêncio é de ouro. Peça a todos os participantes que imaginem estar em uma sala à prova de som com fones de ouvido virtuais. Se eles falarem alguma coisa enquanto os problemas de seu próprio departamento estiverem sendo analisados por uma equipe diferente, serão automaticamente desqualificados.

Problema Número 22: *Um consultor bate à porta.*

Dentro da grande "ordem de bicadas" no universo do viciado em administração, os consultores são muito mais exaltados que os membros permanentes da equipe. Não importa se as suas ideias não têm nada a ver com o modelo administrativo presentemente adotado por sua companhia. (Ele acha que suas ideias são inovadoras.) A situação externa do consultor é o próprio fato que lhe confere importância aos olhos de seu chefe.

Solução Número 22: *Repasse-lhe em seguida a sua senha secreta.*

Você não pode trabalhar muito tempo com um viciado em administração sem dar de cara com vinte consultores diferentes, os quais terão um monte de ideias para seu próprio melhoramento. Tente manter em mente que não é culpa dos consultores que seu chefe seja viciado em consultorias. O consultor não esteve presente durante as três últimas encarnações da mudança. (*Não, aquele foi um consultor diferente. Ou foram dois? No fim, todas as caras se confundem.*) Você e o resto do departamento podem estar cansados e enjoados de toda essa coisa, mas ele não está.

Vale a pena tentar fazer amizade com o consultor, uma vez que, esgotada sua longa lista de exercícios aborrecidos para melhorar sua dinâmica de grupo, ele é apenas um ser humano. É menos provável que ele desqualifique suas próprias contribuições se você lhe demonstrar uma certa gentileza. Quando ele lhe pedir acesso ao público-alvo da companhia, relatórios de renda e despesas, valores das vendas recentes e relatórios de conferências, não gire os olhos para o alto nem aja como se ele estivesse invadindo seu território. Reconheça de saída que você tem aqui uma escolha: você pode zoar com a vida dele e lhe negar acesso a todos os relatórios (que ele eventualmente acabará por conseguir) ou pode ajudá-lo a obter facilmente cada informação de que ele tiver necessidade.

O mais fácil e menos trabalhoso será lhe repassar a senha de seu computador diretamente e lhe informar a localização dos arquivos! Coopere e ele estará muito mais inclinado a tratá-lo com delicadeza.

Simplesmente Estatísticas

Uma declaração de missão é uma descrição breve (em quatro sentenças ou menos) do propósito organizacional de sua companhia. Tipicamente, inclui e explica o que a organização fornece a seus clientes, mas não é absolutamente um *slogan* de propaganda.

Problema Número 23: Há uma reorganização (de novo).

Depois de fazer diversas promessas seu chefe decreta que vai realizar uma nova reorganização dentro do departamento. "Ninguém será demitido", ele informa a todos, "mas haverá uma certa mudança de funções."

Todo mundo precisa trocar de escritório para ficar ainda mais próximo das pessoas com quem já trabalha dia após dia. Isto causa um ataque maciço de angústia entre todos os departamentos, já que alguns efetivamente encontrarão melhorias em seu ambiente de trabalho (janelas com maior luminosidade, escritórios maiores, mais espaço nas salas comuns), enquanto outros serão transferidos para o lado errado do lavatório masculino. O caos domina enquanto as linhas telefônicas são trocadas e os documentos importantes empacotados. Todos os funcionários são convidados a se reunirem o mais breve possível com seus novos chefes e colegas de equipe, uma diretiva que alguns seguem de imediato e outros ignoram altivamente. A confusão pelos corredores não tem nada a ver com novos negócios, lucros ou produtividade. Tudo se refere a quem vai ficar sentado com quem e em que parte do andar e como será a nova vista das janelas (ou a falta delas).

Solução Número 23: Crie uma equipe de transição.

Reorganizações são como cirurgias. Simplesmente não devem ser iniciadas frivolamente. Até mesmo as reorganizações planejadas com o máximo cuidado criarão ondas de descontentamento entre alguns funcionários que se sentirão "queimados", isto é, postos de lado por seu novo posicionamento. Por que não organizar uma equipe de transição para fazer com que os negócios sigam funcionando como de costume? A função da equipe de transição será a de dar apoio aos Recursos Humanos. Ainda que a equipe de transição não seja capaz de resolver quaisquer das questões subjacentes, poderá ajudar a resolver alguns dos deslocamentos mais rotineiros.

A equipe de transição divide para conquistar, ou andar por andar ou departamento por departamento. Peça a um membro da equipe de transição que circule em volta e converse com cada pessoa que foi transferida. Dê a cada membro da equipe de transição uma planilha, uma lista de verificação e indique funcionários específicos com quem tratar. Ele deve iniciar sua tarefa

» com as coisas mais básicas: *"Seu novo telefone está funcionando bem?", "E seu computador foi instalado de forma adequada?", "O funcionário já foi capaz de localizar todos os seus arquivos eletrônicos?", "Ele já sabe qual é o código para entrar no lavatório masculino do novo andar?", "Ele recebeu uma chave de seu novo escritório?", "Há luz suficiente na sala para que ele realize seu trabalho?", "Sua nova cadeira é ergonomicamente correta?", "Ele já se reuniu com seu novo chefe de departamento?", "Ele já recebeu trabalho suficiente para se ocupar todo o tempo?".*

Cada membro da equipe de transição deverá completar a sua lista de verificação e então entregar os formulários correspondentes ao líder da equipe (que terá a tarefa de informar aos Recursos Humanos sobre o que cada funcionário está precisando). Se for dada prioridade a estabelecer os funcionários de menor graduação em seus novos locais de trabalho antes de satisfazer as solicitações dos gerentes, será desenvolvido um clima melhor de boa vontade geral.

MANTRA CORPORATIVO

 "O mais elevado resultado da educação é a tolerância", foi um elegante sentimento manifestado por Helen Keller. Você pode não concordar com a obsessão de seu chefe por reorganização, porém tomada em comparação com as peculiaridades de outros chefes, este pecadilho é (relativamente) tolerável.

REORGANIZAÇÕES, FUSÕES E AQUISIÇÕES — AI, MINHA NOSSA!

Há numerosas razões por que uma companhia pode se reorganizar. A seguir uma lista das dezesseis razões mais comuns:

1. Tornar-se mais voltada para os clientes;

2. Focalizar melhor os negócios mais importantes;

3. Parte de um plano geral de crescimento;

4. Parte de um plano de recuperação maciço;

5. Fusão;

6. Aquisição (hostil ou consensual);

7. Redução de tamanho (*downsizing*);

8. Empreendimento conjunto (*joint venture*);

9. Resposta a forças econômicas locais ou nacionais;

10. Resposta à competição (local, nacional, global, internet);

11. Desejo de competir no cenário mundial;

12. O executivo principal ou outro executivo importante se aposentou;

13. Má publicidade — devida a baixo nível de vendas, lucros menores que os antecipados, acionistas zangados ou a algum escândalo envolvendo a organização;

14. Processo judicial — envolvendo um gerente importante ou ação sindical;

15. Falência, exigindo reestruturação;

16. Um viciado em administração subiu ao poder.

Problema Número 24: Há demissões à vista.

Semana passada você escutou um rumor de que alguém da contabilidade tinha sido demitido. E você já havia acreditado que esse departamento meio escondido fosse o lugar mais seguro dentro da companhia! Antes que seu chefe tenha uma chance de chamá-lo à parte para avisá-lo a respeito do banho de sangue que se aproxima, a história já cresceu ao ponto de dizerem que haverá uma demissão em massa e 25 cabeças vão rolar. Ainda que esse rumor seja em princípio *supersecreto*, por alguma razão um cara da seção de correspondência já viu quem faz parte dessa lista pavorosa. Os nomes de vítimas em potencial já estão circulando como um incêndio florestal.

Solução Número 24: Agarre firme seu chapéu.

Não entre em pânico. Se o fizer, vibrações de pânico se espalharão entre seus colegas. A única coisa que pode fazer no futuro próximo é se agarrar a seu emprego atual com unhas e dentes. Mas para isso, irá precisar de um certo grau de estratégia. Tente descobrir se seu nome está na lista indagando diretamente ao seu chefe ou ao seu mentor na organização. Se ele lhe disser claramente *que não está* na terrível lista, faça o maior esforço para se manter bem visível e assim demonstrar como você é importante dentro do escritório.

Ao mesmo tempo, conserve a cabeça baixa, sua porta sempre aberta e o celular em modo vibratório. (Você não quer passar a impressão de que está em contato com recrutadores, mesmo que estiver.) Reconheça que a lista poderá mudar dramaticamente diversas vezes antes que as vítimas finais saibam do seu destino e que até mesmo seu chefe pode não saber qual será o seu. Este é o momento para garantir que todos os seus superiores percebam que você está adicionando valor à companhia. Isso será impossível caso você se esconda por trás de portas fechadas conspirando com o resto da turma.

Se alguém lhe indagar abertamente o que ouviu a respeito, encare a pessoa diretamente nos olhos e lhe diga: *Absolutamente nada*. Então retorne para seu escritório e retome seu trabalho o mais depressa possível. Não se torne um fofoqueiro de escritório. Evite as manjedouras em que jogam a forragem dos falatórios.

TREZE SINAIS DE QUE SEU EMPREGO ESTÁ EM PERIGO.

Pense no 13 como o número da sorte. Seguem alguns dos sinais de aviso mais comuns para que você tenha o máximo cuidado. Estes 13 sinais sugerem que você não está sendo paranoico com relação a seu destino, mas simplesmente pensando de maneira realista:

1. Subitamente a recepcionista desapareceu do balcão de entrada;

2. A festa de Natal anual da companhia ou o costumeiro piquenique de verão são suprimidos;

3. O ritmo de trabalho diminui drasticamente e você percebe que todo mundo está encerrando o expediente por volta das quatro horas;

4. Em vez de distribuir um pagamento extra como bônus de Natal, a companhia anuncia que irá fechar o escritório para dar uma semana de folga a mais nos feriados;

5. Ninguém está sendo contratado pela organização;

6. Todos os treinamentos administrativos são adiados;

7. Há uma nova política da companhia com relação a viagens, dizendo: "NÃO FAÇA!";

8. Quando recebe clientes no escritório, não tem mais permissão para solicitar um lanche;

9. Superiores que nunca haviam inquirido a respeito de seu paradeiro antes, subitamente passam a exigir de hora em hora um relatório de como você gasta o tempo;

10. Os gerentes de Recursos Humanos misteriosamente passam a trabalhar apenas três dias por semana;

11. Alguém com quem você raramente se encontra subitamente pergunta se você já considerou aceitar uma transferência para uma filial diferente da companhia, bem distante do lugar em que você mora, digamos, do outro lado do país;

12. Você vê duas ou três secretárias na sala das copiadoras chorando histericamente;

13. Cada vez que você encontra seu chefe nos corredores, ele fecha a cara e olha para o chão.

Problema Número 25: Tarefas fictícias.

Você já participou de mais seminários de gerenciamento do que quando trabalhava em seu mestrado de administração. Nos exercícios grupais determinados pela companhia, a orientação é que todos completem as sentenças uns dos outros. (Você pensa que isto é denominado "pensamento em grupo", mas não tem certeza. Por quê? *Ora, o que é que um grupo pensa?*) A sua apresentação no final do curso de fim de semana é gravada para que você possa assisti-la diariamente na privacidade de seu escritório — só para ver o que você fez de *errado*. Quando isso tudo irá acabar e você poderá voltar a fazer seu trabalho?

Solução Número 25: Olhe para o lado bom da coisa: você está fazendo um treinamento de graça.

Pense simplesmente no grande número de habilidades novas que você pode incluir em seu currículo e se contente com isso. Seu futuro empregador não deixará de ficar impressionado com todo esse treinamento (e até aliviado, porque sua companhia não vai precisar pagar por ele). Lembre-se de que um seminário de administração monótono pode representar uma excitante viagem paga. Portanto, vá comprar um par de óculos cor-de-rosa e imagine que aquele saguão de hotel comercial superlotado com um café horroroso e pãezinhos de queijo da véspera se localiza em uma praia ensolarada em qualquer lugar do sul da França. Ei, afinal de contas, em vez de ficar trancado no escritório você viajou mesmo por conta da companhia!

A REGRA DE OURO:
O viciado em administração é um verdadeiro crente, e o manual de administração em voga se tornou sua bíblia. Você pode não aprender absolutamente nada com os exercícios incontáveis que supostamente o ajudariam em seu emprego atual. Mas a participação em seminários de administração, treinamentos de fim de semana para redação de declarações de missão e os cursinhos de como falar em público trarão brilho e profundidade ao seu currículo.

capítulo 6

O predador

Em nossa companhia, as funcionárias tinham de fazer um teste por escrito sobre assédio sexual. Quem não tirasse 85 ou mais, era demitida.

Ele é "muito bem casado", tem entre dois e seis filhos e a está perseguindo desde o primeiro dia no emprego. Ele comenta que suas roupas são tão inapropriadas, que parecem quase ridículas. Seus olhos se fixam em uma determinada parte de seu corpo com regularidade inevitável. E, embora os estudos indiquem que todos pensam em sexo em média uma vez a cada oito minutos, ele de fato tem a ousadia de falar a respeito em cada sete minutos de conversação com você.

Você tem vontade de gritar: "Alô! Não vê que todos o estão escutando?". Mas ele está perfeitamente a par disso. A verdade é que ele adora mexer com você. Isso é parte daquilo que o faz sentir-se tão estimulado para vir ao trabalho diariamente. E você tem obrigação de prestar contas justamente a esse homem, preservando um comportamento profissional e imperturbável, não importa o que ele diga ou faça.

Quando a pessoa a quem você precisa obedecer se comporta como um adolescente tarado por sexo, qual é a melhor coisa a fazer?

Problema Número 26: Ele cria um clima de assédio sexual.

É um segredo de conhecimento público que ele leva alguns clientes de fora da cidade para noitadas em clubes de *strip-tease*. Há um calendário na parede de seu escritório mostrando mulheres altamente maquiadas e escassamente vestidas montadas em motocicletas. Cada homem que trabalha sob sua direção já aperfeiçoou uma rotina permanente de piadas sem graça a respeito de seus hábitos que você foi forçada a escutar vezes sem conta. Em uma escala de um a dez, o nível de assédio sexual em seu escritório está um pouco acima de onze.

Solução Número 26: Documente o que se passa.

Caso você se sinta vítima daquilo que é geralmente conhecido como "Assédio em Ambiente de Trabalho Hostil", comece a documentar evidências do que acontece. Use seu celular para tirar fotos daqueles calendários mostrando modelos seminuas. Tome nota por escrito de qualquer conversa que lhe causou embaraço e anote as datas, gravando discretamente, sempre que possível. Comece a manter o diário de assédios. O "Assédio em Ambiente de Trabalho Hostil" é mais subjetivo que outras formas de assédio sexual e algumas vezes se torna bastante difícil provar.

Definição de "Assédio em Ambiente de Trabalho Hostil".

Quando uma funcionária (ou funcionário) é submetida a comentários de natureza sexual, contato físico indesejado ou a presença de materiais de caráter sexual como parte regular de seu ambiente de trabalho, esse ambiente é considerado como sendo *hostil*.

Em geral, um incidente isolado não é suficiente para comprovar a presença de um ambiente de trabalho hostil, a não ser que venha acompanhado de conduta claramente ultrajante. Os tribunais determinam se a conduta é séria e frequente. Ao ser confrontada por evidências conflitantes de consentimento, a E. E. O. C. (*Equal Employment Opportunity Commission* [Comissão de Igualdade nas Oportunidades de Emprego]) examina os registros como um conjunto e a totalidade das circunstâncias, avaliando um caso de cada vez.

Problema Número 27: Ele diz alguma coisa imprópria.

Seu chefe é a antítese de sutil. Ele diz: *"Oi, Linda!"* cada vez que vocês se encontram pelos corredores, em vez de tratá-la pelo seu nome. Chegue atrasada em uma sala de conferência em que todos os assentos já estão ocupados e ele dirá qualquer coisa sugestiva, tipo: *"Você pode sentar no meu colo"*. Como ele sempre fala em tom de brincadeira, todos os demais mostrarão um sorriso indulgente à sua custa. Mas a última coisa que você quer fazer é sentar no colinho dele ou fazer qualquer outra coisa no gênero que ele lhe tenha sugerido.

Solução Número 27: Demonstre claramente seu desconforto.

Diga francamente ao assediador que seus avanços não são bem-aceitos e não meça palavras para adoçar a pílula. Se você falar com firmeza, quase sempre isto será suficiente para ele dirigir suas atenções desagradáveis para outro alvo. Por exemplo, você pode pedir para marcar uma reunião com seu chefe e lhe dizer sem meias-palavras: *"Eu me sinto humilhada quando você faz esses comentários insinuosos. Isso está afetando negativamente minha produtividade e, falando francamente, é uma contravenção proibida por lei"*.

Se uma única conversação não o dissuadir, mencione o assunto uma segunda vez com ainda mais firmeza. Mas se você perceber que continua a mencionar o assunto sem obter o resultado esperado, chegou a hora de apresentar uma queixa formal contra ele. Comece no departamento de Recursos Humanos — a não ser que sua empresa seja grande o bastante para ter uma comissão específica para a apresentação de queixas, caso em que deverá começar por lá.

Fatos Importantes a Respeito de Assédio Sexual.

Assédio sexual é uma espécie de discriminação sexual que no Brasil viola o Artigo 216-A do Código Penal, que determina punir o ato de "constranger alguém com o intuito de obter vantagem ou favorecimento sexual, prevalecendo-se o agente da sua condição de superior hierárquico ou ascendência inerentes ao exercício de emprego, cargo ou função" com pena de detenção de um a dois anos.

Avanços sexuais indesejados, pedidos de favores sexuais e outras condutas verbais ou físicas de natureza sexual são considerados como assédio sexual quando essa conduta implícita ou explicitamente afeta o emprego de um indivíduo, interfere irracionalmente no desempenho de um indivíduo ou cria um ambiente de trabalho intimidante, hostil ou ofensivo. A palavra-chave na sentença anterior é *"indesejados"*. Os avanços devem ser claramente indesejados para que possam ser considerados como assédio.

A vítima que apresenta a queixa não precisa ser necessariamente a pessoa que está sendo assediada, mas poderia ser qualquer pessoa que testemunhe o assédio sexual indesejado e se sinta afetada pela conduta ofensiva.

Simplesmente Estatísticas

De acordo com uma pesquisa mostrada no *website* da Comissão de Igualdade nas Oportunidades de Emprego, 12.025 queixas de assédio sexual foram apresentadas nos Estados Unidos em 2006. Do total, apenas 15,4% das queixas foram apresentadas por homens. No Reino Unido (Grã-Bretanha), os homens se queixaram de serem assediados com maior frequência, pelo menos de acordo com um estudo governamental publicado também em 2006, mostrando que 40%, ou seja, duas em cada cinco das queixas de assédio sexual foram apresentadas por indivíduos do sexo masculino. De acordo com um estudo publicado em Hong Kong em 2007, um terço das vítimas de assédio sexual eram homens submetidos por supervisoras. Nos Estados Unidos, o assédio sexual também se tornou fonte de lucros. Em 2006, a Comissão de Igualdade nas Oportunidades de Emprego cobrou 48,8 milhões de dólares como compensação para as partes que apresentaram queixa ou outros indivíduos que se consideraram ofendidos por esse comportamento (sem incluir os benefícios monetários obtidos por meio de causas cíveis julgadas em tribunais) (3).

No Brasil, de acordo com uma pesquisa nacional do Datafolha realizada em 2017, 42% das brasileiras já sofreram assédio sexual. Desse total, 15% dos assédios acontecem no ambiente de trabalho, atrás apenas das abordagens nas ruas (29%) e no transporte público (22%). Os especialistas afirmam, porém, que o número deve ser ainda maior.

Problema Número 28: *Quid pro quo: quer que eu faça alguma coisa por você? Então faça tal coisa comigo.*

Você está de olho em determinado cargo há meses. Mas a administração, em sua sabedoria coletiva, deu o emprego para um funcionário novo na firma, que usa óculos, mas não possui as habilidades necessárias e nem sabe como lidar corretamente com as pessoas. Furiosa, você marcha escritório adentro de seu chefe e exige saber por que foi preterida. *"Minhas revisões vêm sendo de primeira classe"*, você recorda, mostrando nos dedos todas as suas realizações recentes. *"Fui eu que imaginei a ideia do 'cartão de registro de lucratividade' que nos trouxe a franquia da companhia XYZ. O que foi que esse Herbie já fez pela firma? Como você pôde promovê-lo e me passar para trás?"*

"Ora, vamos jantar juntos esta noite", sugere seu chefe, com uma piscadela sádica. Ou então lhe promete abertamente um aumento de ordenado depois que tiver dormido com ele. Ou simplesmente sugere transferi-la para um escritório com janelas amplas desde que você faça... bem, acho que já pegou a ideia básica.

Solução Número 28: *Comece a pensar como uma advogada.*

De acordo com a cartilha Assédio Sexual no Trabalho: Perguntas e Respostas, publicada pelo Serviço Federal de Processamento de Dados (Serpro), é difícil provar o assédio sexual, porque, em regra, essa conduta ocorre ocultamente e o ônus da prova é da própria vítima. Mas é possível prová-lo, por exemplo, por meio de bilhetes, mensagens eletrônicas, cartas, e-mails, documentos, áudios, vídeos, presentes, registros de ocorrências em canais internos da empresa ou órgãos públicos. Também é possível provar por meio de ligações telefônicas ou registros em redes sociais (Facebook, WhatsApp etc.) e testemunhas que tenham conhecimento dos fatos.

É essencial que a vítima tenha consciência de que seu depoimento tem valor como meio de prova. Diante da dificuldade de provar o assédio sexual, a doutrina e jurisprudência têm valorizado a prova indireta, ou seja, prova por

> indícios e circunstâncias de fato. Por isso, as regras de presunção devem ser admitidas e os indícios possuem sua importância potencializada, sob pena de se permitir que o assediador se beneficie de sua conduta oculta.
>
> No Brasil, nos casos de assédio sexual, a indenização por dano material depende de comprovação do fato (assédio), do prejuízo e do nexo de causalidade entre eles. A respeito dos danos morais, a prova é do fato (assédio), uma vez que não há como produzir prova do sofrimento.

Problema Número 29: A assediadora feminina.

Ela é tipo uma onça armando um bote como se você fosse um gatinho. A mulher arranjou a iluminação de seu escritório de tal forma, que parecia mais apropriada para um encontro do que para uma reunião de negócios. Primeiro, a sua chefe inventa desculpas para colocá-lo em tarefas que ela supervisiona diretamente. A seguir, ela encontra razões para fazer com que você continue trabalhando com ela depois do horário de expediente. Durante essas reuniões, ela desenvolve o constrangedor hábito de remover grãos de poeira imaginários de sua lapela (ou até mesmo dos seus cabelos).

"Você não acha que nós nos damos muito bem?", ela sussurra ao seu ouvido.

Solução Número 29: Ponha de lado as sugestões da mensagem: diga-lhe "não" com toda a clareza.

Diga claramente, em voz alta e repita quantas vezes for necessário. Se os avanços de sua chefe não são bem-vindos, declare isso em termos perfeitamente inteligíveis. O sucesso de uma acusação de assédio sexual depende de que os avanços sejam comprovadamente indesejados!

MANTRA CORPORATIVO

"Não!" significa "Não". Muitos predadores sexuais enganam a si mesmos, querendo acreditar que um "não" represente um "sim", mas em um tribunal, "não" significa somente "não". Diga "não" de tal forma que só possa ser interpretado como um "não".

Problema Número 30: O grupo se volta contra você.

Quando você anda pelos corredores, o som de seus cochichos parece reverberar das paredes. Você se sente ostracizada pelos elementos femininos de sua repartição. Alguns meses atrás, você apresentou queixa a alguém no departamento de Recursos Humanos sobre o comportamento lúbrico de seu chefe e seus comentários com sugestões de caráter sexual. Desde então, seu chefe vem mantendo distância e se portando de forma fria e profissional. Mas a resposta frígida das mulheres do departamento perante seu caso era uma coisa que nem de longe havia antecipado. Nenhuma dessas mulheres se aproxima de você ou vai a seu escritório para conversar. E os Recursos Humanos lhe haviam garantido que "não haveria retaliação" em consequência de ter apresentado sua queixa!

Solução Número 30: Peça transferência para outro departamento.

O ambiente no escritório ficou tóxico, e em alguns casos é melhor lancetar a ferida para retirar a inflamação do que deixar que infeccione ainda mais. Como é comum em casos de assédio sexual e estupro, algumas vezes a vítima se transforma na acusada, com seu caráter provavelmente desmoronando sob o escrutínio intenso de um ataque grupal. Se esse for o caso, peça para ser transferida.

Embora possa parecer incrivelmente injusto que o mau comportamento de seu chefe a tenha forçado a sair, você não pode mais realizar seu trabalho corretamente sob estas condições. Solicitar uma transferência neste ponto pode até ajudar a comprovar seu caso. Afinal de contas, a conduta de seu chefe interferiu irracionalmente em seu desempenho.

Conforme ocorre com qualquer outro aspecto da comprovação de assédio sexual, é crucial conservar uma documentação clara. Não permita que seu caso se transforme em um exercício de "ele disse, ela disse" com dedos apontados. Se você acha que precisa pedir transferência, deixe bem claras as suas razões.

DICA

EXPRESSA Conserve uma atitude profissional. Vista-se discretamente para ir ao escritório, a fim de transmitir a mensagem correta. Não vá a um barzinho conversar com seus colegas até alta madrugada. Você pode não ser capaz de expulsar um predador, mas tampouco precisa se transformar em seu alvo.

A REGRA DE OURO: Devido às leis firmes contra assédio sexual, hoje em dia é mais difícil para um predador sobreviver no mercado de trabalho do que o era alguns anos atrás. A maior parte dos assediantes pode ser domada pela simples, firme e frequente repetição da palavra "não". Os tribunais consideram que houve assédio sexual quando um avanço foi claramente mal recebido. Mas da mesma forma, em qualquer tribunal de justiça é crucial dispor de uma documentação clara.

[capítulo 7

O chefe herdado

Eu trabalho aqui há sete anos e já tive sete chefes diferentes. Honestamente, é como se fossem sete empregos diferentes.

Depois do caso passado, dá para reconhecer que não foi um choque total. Como nuvens de tempestade se reunindo no horizonte, havia sinais múltiplos de que as previsões de sua carreira não permaneceriam ensolaradas para sempre. Você percebeu a primeira nuvem negra meses atrás. Isso aconteceu no dia em que seu chefe, um homem que sempre defendera uma política de portas abertas, permaneceu encerrado por quase seis horas. Quando a porta finalmente se abriu, dois homens que você nunca havia visto antes surgiram, ambos de testa franzida.

Diversas semanas se passaram sem novos incidentes, mas era a calma que precede a tempestade. Então, algumas semanas atrás, você escutou sem querer enquanto duas vice-presidentes comentavam no lavatório feminino sobre *"o próximo realinhamento da administração"* — até que elas perceberam que havia outra mulher sentada no sanitário ao lado. Então as duas calaram a boca bem depressa!

Semana passada, então, o céu ficou completamente negro. Seu chefe convocou os funcionários a seu escritório, em que você encontrou uma coleção de grandes caixas de papelão, todas cuidadosamente fechadas e rotuladas com o endereço de sua casa. Ele lhes disse: *"Foi realmente muito bom trabalhar com vocês. Desejo a melhor sorte para todos"*. Logo no dia seguinte, todo o pessoal do escritório começou a acusá-lo de ter feito alguma coisa profundamente errada. Entre os resmungos do grupo sobre como o chefe antigo tinha sido terrível, praticamente nem se notou a chegada do novo chefe. Mas ele foi entrando sorrateiramente, instalou-se e já realizou diversas reuniões secretas com seus cupinchas do escritório anterior em sua nova mansão de janelas altas.

Problema Número 31: Ele chegou com autorização para fazer enormes mudanças.

Sua reputação já o precedeu. Em seu emprego anterior ele cortou pessoalmente a cabeça de 30% do pessoal. As fofoqueiras do bebedouro afirmam que até mesmo os que conseguiram sobreviver têm raiva dele. De acordo com os rumores do escritório, ele já decidiu eliminar completamente o departamento de pesquisa. (O pessoal da pesquisa afirma que ele não fará isso, pois ficaria muito impopular caso os despeça a todos!)

Solução Número 31: Comece agora uma campanha para salvar seu emprego.

Imagine que você está sendo entrevistado para um novo emprego. O serviço que você está tentando obter é *muito parecido* com seu trabalho anterior. O pagamento é exatamente o mesmo. As acomodações são idênticas. As tarefas são iguais.

Como você vai convencer o entrevistador (também conhecido pelo nome de "novo chefe") a contratá-lo? É isto que você precisa fazer agora. Você poderia elaborar um relatório listando as suas realizações. Você poderia engordar o relatório anexando *e-mails* recebidos de clientes satisfeitos. Você pode anexar gráficos demonstrando que, desde sua chegada à firma, o resultado das vendas aumentou barbaramente. Ou, dependendo da cultura corporativa de sua companhia, você pode apresentar um resumo oral ao seu novo chefe, incluindo exatamente este mesmo material.

Reúna seus fatos e números e elabore gráficos do tipo *pizza*. Então encontre um tempo para sentar com seu novo chefe e apresentar-lhe este relatório excelente que ajudará a salvar seu emprego.

[**É UM CHEFE NOVO EM FOLHA? TRATE-O COMO SE FOSSE UM EMPREGO COMPLETAMENTE NOVO.**

Quando um chefe novo vem de fora da empresa e assume o comando dos funcionários, o pior engano que você pode cometer é o de não reconhecer que seu emprego pode estar em risco. Anos de revisões de desempenho brilhantes arquivados em sua pasta funcional não irão necessariamente salvá-lo. De fato, podem até causar o efeito oposto, assustando um chefe inseguro que não sabe com quem está tratando.

Os novos chefes, em geral, têm o poder de fazer mudanças dramáticas e abrangentes. Não importa o tempo que você trabalhou para a companhia, você terá de ganhar seu espaço novamente e tratar seu antigo emprego como se fosse completamente novo. Abaixo são apresentadas sete sugestões para sua sobrevivência.

1. PERMANEÇA ATÉ MAIS TARDE NO ESCRITÓRIO. Continue trabalhando depois do expediente. Não se envergonhe de permanecer trabalhando até tarde da noite — até que tenha definido perfeitamente quais são os ritmos diários de seu novo chefe. Ele costuma levantar cedo? Você nunca saberá, a não ser que se apresente mais cedo no serviço de vez em quando para ver se ele já chegou;

2. NÃO PAREÇA APEGADO DEMAIS À SITUAÇÃO ANTERIOR. Educadamente, distancie-se de seu chefe anterior, das rotinas em andamento no escritório ou de qualquer grupo de funcionários em particular. O novo chefe estará observando os corredores em busca de aliados. Torne fácil para ele encontrar pelo menos um: você mesmo;

3. SEJA CORDIAL SEM SE TORNAR ABORRECIDO. Use frases como "bom-dia", "boa-tarde", "deixe que eu segure a porta para o senhor," mas com naturalidade. Evite frases melosas características de puxa-sacos, tipo: *"Sua gravata é a mais bonita que eu já vi. Qual é o motivo, raquetes de tênis em miniatura?"* ou coisa do gênero;

4. SEJA POSITIVO, MAS NÃO EXAGERE FEITO UMA POLLYANNA[6]. Se o novo chefe lhe indagar sobre sua experiência na firma, organize sua resposta da forma mais positiva possível. Está certo mencionar certos problemas

»

---

[6] Romance de 1913, de Eleanor H. Porter, considerado um clássico da literatura infantil com mais de uma dúzia de continuações escritas por autoras diversas; filmado em 1920 com Mary Pickford e em 1960 com Hayley Mills. Pollyanna Whittier é órfã de mãe e vive com sua tia do mesmo nome, bondosa, mas muito severa. Ela mantém sempre uma atitude otimista e emprega o *Glad Game* [Jogo Alegre] para encontrar o lado bom das piores situações. (N. do T.)

organizacionais como mudanças frequentes de gerência. Mas faça o melhor possível para encarar o futuro com bom humor. Fale a respeito do que pretende realizar sob a orientação de seu novo chefe em vez de se prender ao passado;

5. NÃO FALE MAL DE NINGUÉM. Quer dizer, a não ser que você já tenha saído da companhia. A pessoa que você critica hoje poderá acabar sendo promovida pela nova administração e virar seu chefe querido (Ai, minha nossa!);

6. ENCONTRE E CUMPRIMENTE. Se o novo chefe não o procurar para uma conversa amável sobre a vida na companhia, aguarde por duas semanas. Então procure o assistente pessoal dele e marque uma entrevista no escritório do chefe apenas para se apresentar;

7. ESTEJA PRESENTE. Mantenha-se sempre disponível para responder a qualquer pergunta que ele possa fazer. Conserve sua porta (e a cabeça) abertas.

Acima de tudo, reconheça que é profundamente humano querer estar por perto daqueles que apreciam sua companhia. Se você gostar de seu novo chefe, é muito provável que ele também goste de você. Quando se trata de tomar decisões sobre os funcionários, a amabilidade ganha pontos sobre o puro talento. Faça um bom esforço para que seu novo chefe venha a gostar de você, e terá melhores chances de conservar seu emprego. Olhe, é puramente uma regra de química.

Problema Número 32: Ele lhe transmite informações falsas.

O novo chefe claramente afirmou que seu enfoque estaria nos resultados do segundo trimestre. Assim você se sentiu como um saco de pancadas durante a reunião do pessoal do escritório na manhã de segunda-feira, quando ele o atingiu com vinte questões sobre os resultados do primeiro trimestre. Você pode ter se atrapalhado, hesitado e balbuciado, mas certamente espera que os pontos que apresentou tenham ficado claros mesmo assim.

Solução Número 32: Não confie na palavra dele.

Sem dúvida, ele se preparou para lhe dar um tombo. A pior parte é que você caiu na armadilha. TCHIBUM! Esse foi o som de seu ego batendo no chão. Contudo, você não tem nada a ganhar ao reclamar de sua falta de sinceridade. Provavelmente esta não foi a primeira vez que o homem mentiu a seus subordinados por um motivo ou outro, e tudo leva a crer que não será a última. Então abaixe-se, erga seu ego amassado do chão, sacuda a poeira e tome a decisão de estar mais do que preparado para a próxima vez. Se novamente ele avisar que o assunto da próxima reunião serão os resultados do segundo trimestre, faça uma nota mental de que ele realmente *quer* dizer primeiro trimestre, segundo trimestre, terceiro trimestre e quarto trimestre, tudo de uma vez só e reúna seus dados e argumentos de acordo.

Problema Número 33: Ele o acusa de ter feito alguma coisa que você não fez!

Você retorna feliz de sua reunião. O novo cliente adorou sua apresentação. Diversas horas depois o novo chefe (que não estava presente na reunião) o convoca para seu escritório e manda que você feche a porta. Encarando-o com um olhar autoritário, ele limpa a garganta e diz: *"Fiquei sabendo que a reunião desta tarde não deu bom resultado. O cliente se sentiu aborrecido com seu ....* (preencha o espaço em branco com "tom de voz", "mau comportamento" ou "agressividade"). Depois de ter negado firmemente que isso tenha acontecido (na verdade, você se sente como um gatinho maltratado), seu chefe virtualmente lhe dá um tapa nas costas da mão. *"Simplesmente não se esqueça disso"*, ele fala, com um olhar esmagador.

Solução Número 33: Defenda seu território, mas atualize seu currículo.

Seu novo chefe pode, algumas vezes, parecer um senhorio. Cada vez que entra em seu humilde escritório, parece olhar para ele como a futura residência de algum *outro funcionário*, decerto alguém que não será você. Ele já pode ter marcado o lugar como sendo adequado para algum de seus aliados que pretende trazer de sua empresa anterior. Contudo, se você tem trabalhado constantemente bem e praticado uma política de boa vizinhança, ou seja, se mantém boas relações com os colegas de trabalho tanto de seu escritório como das demais repartições, seu novo chefe pode achar surpreendentemente difícil encontrar um motivo para se livrar de você. Mesmo assim, você deve estudar sua situação como se fosse uma partida de xadrez, calcular três jogadas à frente e antecipar os lances que ele possa vir a empreender contra você para dispor da resposta adequada.

Uma tática que alguns chefes novos usam com eficiência variável é levantar falsas acusações. Infelizmente, você não pode presumir que seus estimados colegas que também estiveram presentes na reunião irão necessariamente fazer uma frente unida a seu favor. Além de terem a considerar suas próprias

» posições, determinar o resultado de uma reunião em particular frequentemente traz consigo elementos subjetivos; e até mesmo seus apoiadores mais fiéis podem estar abertos a sugestões, caso seu chefe implique que o cliente lhe dissera não se achar realmente satisfeito com a sua apresentação.

Caso seu chefe o acuse em falso de qualquer coisa, encare essa atitude como um sinal claro de que ele quer mesmo demiti-lo. Confirme suas alianças com seus colaboradores, reforce suas defesas e se prepare mentalmente para um ataque direto em sua credibilidade. Caso você tenha um bom relacionamento com o cliente, convide-o para almoçar ou leve-o para jantar. (Mantenha silêncio a respeito das intenções de seu chefe a não ser que conheça o cliente realmente bem e saiba que pode lhe repassar com segurança informações confidenciais.) Caso já não o tenha feito, atualize seu currículo com suas melhores e mais recentes realizações. Talvez precise lutar para manter seu emprego. Mas também pode ser proativo e já começar a procurar um outro serviço antes que caia a lâmina do machado em seu pescoço.

DICA

EXPRESSA Os estilos de currículo mudam com o tempo. O seu está atualizado? Hoje em dia, sumários executivos com resultados da ordem de seis algarismos constituem o acessório *du jour* para seu currículo. Porém, mantenha esses sumários curtos e facilmente chamativos. Tenha o cuidado de não fazer com que repitam a mesma informação palavra por palavra que já se acha em seu currículo. (Se o fizer, será realmente um passo em falso em seu currículo.) Você trabalha nesse campo há menos de dez anos? Um currículo de página única ainda é a coisa mais quente a seu favor. Mesmo que você trabalhe nessa área há mais de dez anos, um currículo de no máximo duas páginas em formato clássico ainda é a solução mais atraente para chamar a devida atenção.

Problema Número 34: Você descobre que ele está entrevistando pessoas para ocupar sua posição a fim de substituí-lo.

A área de recepção do escritório está entupida por um fluxo constante de pessoas desconhecidas, todas vestidas para causar uma boa impressão: uma entrevista de emprego no escritório de seu chefe. Contemplar tantos rostos esperançosos claramente o deixa em pânico. Você começa a imaginar que em breve poderá se tornar um deles — sentado na área de recepção de uma companhia completamente diferente, esperando sua vez de ser entrevistado por um chefe inteiramente novo.

Solução Número 34: Não pule para conclusões imediatas: primeiro faça seu dever de casa.

As aparências podem ser enganadoras. Sua empresa pode, por exemplo, se achar em expansão, caso em que seu chefe pode ter sido encarregado de contratar mais duas ou três pessoas de seu nível. Dito isso, caso você perceba uma longa linha de novos candidatos se apresentando diariamente no escritório, você deve a si mesmo uma explicação sobre o que se acha em andamento.

Tudo vai depender da maneira como você faz as perguntas. Adote o papel de Miss Marple, a "sabuja" mais conhecida de Agatha Christie. Converse com seus camaradas no departamento de Recursos Humanos. Escolha o funcionário do departamento com quem você se relaciona melhor e simplesmente pergunte. Você pode dizer, por exemplo: *"Tenho notado uma porção de candidatos para entrevista esperando a hora de conversarem com 'Mark' quase todos os dias. Ele está pretendendo expandir o departamento?"*. Não se preocupe se a sua pergunta vai parecer interessada demais. Qualquer pessoa que trabalhe no departamento de Recursos Humanos irá entender a razão de sua pergunta. E se ela se considera uma de suas aliadas, claro que irá compartilhar com você as informações disponíveis.

Escute com todo o cuidado o que ela lhe transmite. (Ela pode precisar responder à sua indagação de uma forma discreta e politicamente correta.) Se

» ela disser claramente: "Mark *já nos disse* que considera você um ótimo elemento para a companhia", você pode se sentir confiante de que seu emprego não se acha na linha de tiro. Mas se ela disser: "Estou contente de que você tomou esta iniciativa, Fulana. Mark *realmente expressou* algumas preocupações a seu respeito", então você tem todo o direito de se sentir insegura. Seu emprego pode estar em perigo (veja a caixa de Solução de Problemas número 35).

MANTRA CORPORATIVO

 Seja extremamente sutil, ao ponto de parecer que nem tem forma. Seja extremamente misterioso, ao ponto de não emitir um único som. Desta forma, você poderá se tornar o diretor do destino de seu oponente.
A Arte da Guerra – Sun Tzu

Problema Número 35: Você é posto em período probatório.

Certa manhã, três meses depois do início de seu reinado, seu novo chefe o convoca para uma reunião sob as janelas de seu escritório que mais parece um palácio. *"Lastimo dizer que tenho más notícias para lhe dar"*, ele começa mordendo o lábio inferior. Ele fecha a porta pessoalmente e faz um sinal para que você se assente na pior cadeira do escritório, frouxa e desconfortável. Um obstáculo intransponível se ergue entre vocês dois, na forma de uma escrivaninha de carvalho, grande e intimidante. *"Seu desempenho não tem correspondido às necessidades da firma"*, ele continua. *"Você não nos trouxe nenhum cliente novo recentemente. Falando francamente, eu não me acho particularmente impressionado com os resultados de seu trabalho."* Então, ele olha por cima de seus óculos sem aro, fazendo com que se sinta tão pequeno e insignificante quanto um cascudinho. Gotas de suor se congelam sob suas axilas, mesmo com o antitranspirante que sempre coloca antes de vir ao escritório. Você fica imaginando o que o manual de política interna da companhia menciona a respeito de funcionários que vomitam no tampo da escrivaninha do chefe. *"Estou lhe dando duas semanas para modificar seu desempenho"*, ele prossegue, *"caso contrário, sinto muito, mas terei de dispensá-lo."*

Solução Número 35: Combata o bom combate.

Em geral, vale a pena lutar para salvar seu emprego — mesmo que você despreze seu chefe, deteste as condições de trabalho e perceba que não há mais qualquer futuro para você dentro na firma. É sempre mais fácil arranjar um novo emprego enquanto ainda estiver empregado. Caso disponha apenas de poucas semanas para inverter a situação, o melhor é se lançar cem por cento nesse esforço. E mesmo que você se sinta grandemente tentado a fazê-lo, procurar um novo trabalho enquanto está em período de teste *não é*, de fato, uma boa ideia. Melhor salvar seu atual emprego primeiro e *depois* sair à cata de um novo. Veja o quadro a seguir, Como Salvaguardar Seu Emprego Atual para verificar quais são os melhores movimentos práticos a empreender, em vez de ficar só rezando a Ave-Maria. Ataque em todas as frentes simultaneamente e *também* reze por um milagre.

> **COMO SALVAGUARDAR SEU EMPREGO ATUAL: OS DOZE MELHORES MOVIMENTOS PRÁTICOS DE TODOS OS TEMPOS (ALÉM DE REZAR A AVE-MARIA).**

Em primeiro lugar, seque suas lágrimas de frustração e marque uma reunião consigo mesmo para chegar ao "momento da verdade". A situação é difícil e requer medidas drásticas. Você precisará sair para bem longe de sua zona de conforto, caso deseje realmente se esforçar para salvaguardar seu emprego. Mesmo que você siga todas estas sugestões, não há garantias. Apesar disso, dentro do ambiente da nação corporativa, a cada dia alguma alma corajosa consegue se desviar do tiro de misericórdia. Talvez você também consiga.

1. **ENTRE EM CONTATO COM O RH, CASO ESTE DEPARTAMENTO NÃO ENTRE EM CONTATO COM VOCÊ PRIMEIRO.** Faça um relatório da situação. Finja que é um repórter judicial. Diga ao gerente de Recursos Humanos *exatamente* o que seu chefe lhe disse. Repita palavra por palavra o que lhe respondeu ou ligue a gravação que obteve às escondidas durante a entrevista. Este é um primeiro passo vital de tal modo que você, seu chefe e o departamento de Recursos Humanos permaneçam na mesma página do arquivo corporativo durante este processo angustiante;

2. **RETORNE AO ESCRITÓRIO DE SEU CHEFE E CONSIGA UMA PROMESSA DELE.** Você quer que ele garanta que, caso você consiga dar uma reviravolta com sucesso em sua situação no período de tempo que ele lhe determinou, ele recomendará ao RH que você deve permanecer na companhia;

3. **ASSIM QUE SEU CHEFE CONCORDAR VERBALMENTE COM O PONTO DOIS, RETORNE AO RH.** (Sim, uma segunda vez!) Garanta que o gerente de Recursos Humanos saiba que você e seu chefe tiveram esta segunda conversa a respeito de sua situação na firma. Então redija a conversa que teve com seu chefe e envie *e-mails* com cópias tanto para o gerente de Recursos Humanos como para seu chefe;

4. **RESOLVA TODOS OS CONFLITOS.** Por acaso seu chefe mencionou um conflito pessoal entre você e outro funcionário do escritório? Procure essa

»

pessoa e peça-lhe mil desculpas, com a maior sinceridade possível. Não importa se você estava certo ou errado. Se você não conseguir acertar a situação, a bomba vai estourar na sua mão;

5. **PONHA TUDO POR ESCRITO.** Assim que seu colega ou colegas o desculparem envie *e-mails* com os resultados de suas várias conversações com eles. O melhor é escrever uma mensagem a respeito de cada pessoa que você ofendeu, de tal modo que possa preencher as linhas de assunto de seus *e-mails* de forma adequada. Isto também impedirá que uma vasta lista de cópias seja circulada por todo o escritório. Embora seja importante criar uma trilha de papel, você também precisa controlar o destino dessa trilha (*Mas trilhas de papel não se destinam apenas a farejadores legais?* É o que você imagina e representa precisamente isso. Se você foi colocado em condicional, não será em absoluto a pior coisa que os conselheiros legais de sua companhia acreditem que você esteja disposto a defender seu direito a permanecer em sua posição — se necessário, por meio de um processo legal);

6. **MANTENHA A COISA SIMPLES.** Você poderia intitular cada um de seus *e-mails* como *"Minha conversa com Fulano de Tal"*. Torne o corpo de cada mensagem tão dinâmico quanto possível, até que se torne tão curto quanto puder, conservando o conteúdo e o sentido. Você pode escrever: *"Peter e eu conversamos brevemente a respeito da discussão que tivemos dois meses atrás. Eu me desculpei por ter falado alto demais e Peter aceitou minhas desculpas. Ele me disse então que, de um modo geral, gosta de trabalhar comigo"*. Envie cópias de todas as comunicações para o departamento de Recursos Humanos e para seu chefe. Se por acaso alguma outra pessoa foi encarregada de monitorar seu período probatório, tenha o cuidado de incluí-la em sua lista de cópias. Não envie "cópias para a lista", nem codifique endereços. Mantenha tudo o mais transparente que puder;

7. **O MOVIMENTO ARRASA-QUARTEIRÃO.** Caso seu chefe se queixe da qualidade de seu trabalho, use o período probatório para dissuadi-lo dessa noção. Arranje alguma ideia de primeira classe e leve-a a seu conhecimento, de tal modo que ele não possa recusar a escutá-la. Escreva o relatório e sua apresentação, mande cópias físicas para todos os interessados ou até mesmo

» elabore um comunicado à imprensa de tal ordem que o faça reconhecer que não se pode dar ao luxo de perdê-lo;

8. **MOSTRE SEUS REVÓLVERES CALIBRE 45.** Existe alguém no escritório que acredita em seu valor? Poderia ser um colega com quem você se dê muito bem ou um mentor, mesmo que seja de um departamento diferente. Confidencie a situação para essa pessoa. Diga-lhe o que aconteceu e indague se ela se importaria de conversar com seu chefe em seu favor. Mediante este lance, como um gambito em um jogo de xadrez, quanto mais alta se encontrar a pessoa no poste do totem corporativo, tanto maiores serão suas chances de sobrevivência. Uma boa recomendação de um vice-presidente sênior supera a qualquer momento o recado de um vice-presidente júnior;

9. **RECORDE QUE OS CLIENTES SEMPRE TÊM RAZÃO.** Não tenha receio de pedir a ajuda de seus clientes e/ou fregueses. Um cliente aborrecido que não quer vê-lo demitido é sua melhor arma. Você pode pedir a ele ou ela que faça um elogio a seu respeito para seu chefe ou mesmo para o chefe de seu chefe? Eis uma canção que seu chefe dificilmente irá ignorar (já que pode ser seu próprio "canto de cisne");

10. **QUANDO SEU PERÍODO PROBATÓRIO ESTIVER PELA METADE, ENTRE EM CONTATO TANTO COM SEU CHEFE QUANTO COM O GERENTE DE RECURSOS HUMANOS PARA VER A SITUAÇÃO DE SUA CONDICIONAL.** Entregue a cada pessoa um relatório de seu progresso durante a semana. Caso ambos tenham lido as cópias de suas mensagens eletrônicas, estes relatórios devem ser breves. Indague se existe qualquer outra coisa que você possa fazer para salvar seu emprego. Caso um deles diga que "sim", siga estritamente as diretivas dele ou dela. Se ambos disserem que "não", solte um suspiro de alívio. Provavelmente, você poderá conservar seu emprego;

11. **TRÊS DIAS ÚTEIS ANTES DE SEU PERÍODO PROBATÓRIO TERMINAR, VISITE SEU CONSELHEIRO NO RH OUTRA VEZ.** Muito educadamente, implore que ele ou ela converse com seu chefe a respeito de seus méritos. (A esta altura, essa pessoa já se deve achar intimamente a par deles.) Ela pode lhe dizer que já falou com seu chefe em seu favor. Neste caso, não se esqueça de lhe agradecer;

»

> **12. NO ÚLTIMO DIA DE SEU PERÍODO PROBATÓRIO, MARQUE UMA REUNIÃO COM SEU CHEFE PARA A PRIMEIRA HORA DA MANHÃ.**
> Caso ele diga que vai despedi-lo de qualquer forma, dez da manhã é uma boa hora para entrar em contato com recrutadores de outras companhias. Se ele disser que decidiu conservá-lo, você terá o resto do dia para realizar seu trabalho tranquilamente e pôr o atraso em dia. Afinal de contas, você praticamente perdeu duas semanas devido a este excesso de comunicações.

Simplesmente Estatísticas

Avaliações de desempenho provenientes de todos os lados vêm circulando por intermédio das companhias afiliadas com a *Fortune 500* de Nova York a Bangkok. Estas avaliações provenientes de chefes, colegas e subordinados podem ajudar a ejetar um chefe ruim do poder mais depressa do que se apenas seus superiores revisarem seu trabalho.

A REGRA DE OURO: Mesmo com autorização para limpar a casa, o chefe herdado pode achar difícil expulsá-lo caso você tenha um registro sólido de suas atividades e fortes alianças internas. Mas no momento de guerrear por seu território, seus clientes e fregueses satisfeitos e determinados a afirmar a importância de sua permanência para prosseguirem em seu trabalho conjunto com a empresa são sua melhor linha de defesa, seguidos bem de perto por um gerente de Recursos Humanos que tenha simpatia por você.

[capítulo 8

A caçadora de créditos

Todos pensam que minha chefe é uma estrela e eu sou somente uma recruta de terceira classe. Mas esta recruta fica acorrentada à escrivaninha de seu cubículo todas as noites, noite após noite, produzindo as ideias e os relatórios, enquanto minha chefe fica batendo papo com os chefes dela e dá um jeito de receber todo o crédito. Droga!

Se a sua chefe fosse uma ave, seria uma fêmea de urubu. Enquanto você fica desgastando o cérebro para descobrir as abordagens mais inovadoras para a solução de um determinado problema, ela simplesmente dá o bote nelas, engordando com a pilhagem de seu trabalho árduo. A única coisa que ela faz é delegar tarefas e ganha um monte de grana para fazer isso.

Há em seu departamento reuniões internas importantes para apresentar seu trabalho? Sua chefe lhe pede para sair da sala e ir monitorar pesquisas sobre enfoque grupal ou qualquer outra coisa sem importância, enquanto ela fica para apresentar a obra magnífica que você realizou. Chegou o dia de revelar a um cliente as plantas arquitetônicas que você elaborou? Sua chefe já combinou com outras de sua companhia para manter um número mínimo de pessoas presentes na reunião. *"Pois é, aquele cliente em particular simplesmente odeia reuniões com um monte de gente, imagine só! Só os principais vice-presidentes e executivos irão participar. Pena que você ainda não chegou lá!..."*

"Olhe, foi uma reunião maravilhosa", ela lhe conta horas depois com um enorme sorriso no rosto. *"Seu trabalho vem ficando espetacular!"*

Mas será que alguém sabe? Quando sua chefe é justamente a pessoa que está roubando toda a sua glória, o que você pode fazer para acertar as contas, se é que isso é algo possível?

Problema Número 36: Ela engole toda a luz dos refletores.

Ela descansa sobre os louros que você conquistou. Você é a Cyrano de Bergerac[7] da companhia, namorando os clientes em perspectiva com suas ideias brilhantes em favor de sua chefe, uma pessoa muito menos articulada e criativa. Você permanece invisível enquanto ela está sendo promovida, recebe um salário maior, é premiada com um escritório melhor e um título ainda mais impressionante. Naturalmente, ela sempre a leva consigo e não admira que sinta tanto amor por você. Afinal, é você que conserva o emprego dela e lhe garante todos esses benefícios!...

Solução Número 36: Siga o exemplo dela: aprenda a ganhar crédito com o trabalho de seus próprios subordinados.

No mundo dos negócios, o crédito tende a ser atribuído ao chefe, não importa quem tenha realmente feito o trabalho. Pode parecer injusto. Pode parecer desonesto. Pode parecer que sua chefe seja uma ladra de créditos, determinada a roubar os elogios que você mereceria escutar. Mas é assim que o mundo corporativo opera. Isto é tão verdadeiro hoje em dia como o foi no tempo em que Thomas Edison declarou: "No comércio e na indústria todos roubam. Eu mesmo já roubei quantidade de coisas... Mas acontece que eu sei como roubar!".

Roube uma página do caderno de Edison. De fato, Thomas Edison foi um negociante realmente inovador que examinava minuciosamente as necessidades e tendências sociais correntes e então contratava funcionários e técnicos habilidosos para realizarem o trabalho mediante seu comando. De alguma forma, ele sempre dava um jeito de ficar com todo o crédito. Por

---

[7] Hercule-Savinien Cyrano de Bergerac, 1619-1655, poeta e dramaturgo francês, popularizado pela peça do mesmo nome de Edmond-Eugène-Alexis Rostand, 1868-1918, escrita em 1897, embora tenha sido anteriormente tema de Corneille e Molière; a peça de Rostand originou diversos livros e filmes, o mais famoso com Gérard Depardieu no papel título. Cyrano é feio e talentoso e escreve versos para um amigo belo e medíocre conquistar a mulher que ambos amam. (N. do T.)

ocasião de sua morte, ele registrara em seu nome 1.093 patentes de invenções nos Estados Unidos e 1.239 em países estrangeiros. Hoje em dia, os nomes daqueles de quem ele roubou (como Nikola Tesla) são apenas notas de pé de página nos anais da história, enquanto Edison é reverenciado como o principal inventor norte-americano.

Reconheça que roubar créditos é uma regra do jogo corporativo e domine a *Teoria de Como Roubar dos Subordinados*. Seu trabalho será creditado à sua chefe, mas ela a estará puxando consigo pela pirâmide corporativa e logo você terá uma boa equipe, de tal modo que o trabalho de seus subordinados será *creditado a você*.

Por outro lado, há numerosos tutoriais de autoajuda na internet para ter sucesso na carreira corporativa, em que encontrará muitos conselhos sobre como obter o crédito merecido. Alguns aconselham anunciar as boas notícias durante grandes reuniões (para que todo mundo saiba que você foi a responsável) e não informar de antemão a sua chefe. Por favor, tome nota: esta é uma receita para desastre. Acontece que você só pode fazer esta proeza uma única vez. Largar a bomba em busca de crédito no meio de uma reunião, sem que sua chefe tenha sido prevenida somente servirá para criar um clima de desconfiança entre você e ela. Ora, acontece que ela está muito melhor entrincheirada que você e sempre dará um jeito de castigá-la por sua rebelião, com péssimas consequências para sua carreira.

Recorde a *Teoria de Como Roubar dos Subordinados*. Não tente se opor à ordem das bicadas internas. Sua pequena vitória acabará por ter o efeito de bater com a cabeça contra uma parede, coisa bastante dolorosa que pode até lhe causar enxaquecas constantes. Em vez disso, aprenda a flutuar dentro das correntes internas e se sentirá muito melhor e menos amarga, além do fato bastante agradável de que, pouco a pouco, suas finanças engordarão bastante.

DICA

EXPRESSA

Desenvolva a camaradagem com seus subordinados dando-lhes créditos por suas contribuições. Não receie que, desta maneira, você mesma venha a receber menos crédito pela acumulação de seus esforços. O crédito lhe será atribuído de qualquer maneira. Esta é a beleza da *Teoria de Como Roubar dos Subordinados*. O crédito flui apenas em uma direção e esta é para cima (desta forma, pelo menos, a teoria é fácil de entender). Em última análise, você receberá o crédito por todo o trabalho árduo executado por seu pessoal, não importa quem tenha feito o que. Mas se você lembrar de atribuir verbalmente créditos pelos resultados das pessoas que trabalham para você, também receberá um certo crédito da parte delas por ser uma boa chefe.

Problema Número 37: Ela não a convida a participar das reuniões em que vai apresentar o trabalho que você fez.

Você não entende qual seja a motivação de sua chefe para mantê-la fora de todas as reuniões importantes. Afinal de contas, ninguém pode vender melhor um trabalho que sua própria criadora, não é verdade? E VOCÊ FOI A CRIADORA! (Esta frase teve de ser posta em maiúsculas só para ver se *alguém* percebe.)

Solução Número 37: Perceba que a questão não é roubar seu trabalho: o que importa é manter o relacionamento.

Pessoas muito criativas algumas vezes têm dificuldade em entender como é que as outras 99% operam. Eis uma dica: sua chefe não está preocupada com o trabalho (porque ela já sabe que, de uma forma ou de outra, vai receber todo o crédito por ele). O que ela está guardando é o relacionamento que estabeleceu com o cliente, do mesmo modo que um gato macho faz para marcar seu território, ou seja, urinando pelos cantos.

Nas indústrias que prestam serviços a clientes, estes clientes governam com um autoritarismo de veludo. Quase nunca lhes negam seja o que for. Estes monarcas coroados podem avançar ou acabar com sua carreira mediante um único telefonema. É por esse motivo que forçar seu ingresso em uma reunião para a qual sua chefe não a convidou é um erro tão colossal. Suponhamos que você mexa uns pauzinhos pelas costas de sua chefe e consiga que outros executivos da companhia sugiram que você esteja presente. Você pode até conseguir sentar seu traseiro em uma das cadeiras da sala de conferências, mas terá perdido a boa vontade de sua chefe. A partir desse momento, em vez de considerá-la uma subordinada competente, sua chefe passará a encará-la como uma possível rival. Se for vingativa (uma característica que, incidentalmente, sempre acompanha a tendência para roubar créditos), ela poderá empregar seu relacionamento

»

» com o cliente para voltá-lo contra você. Caso o cliente dê um telefonema pedindo que você não seja convidada para participar de reuniões futuras, sua reputação na firma estará destruída.

O resultado final? A não ser que você já tenha formado uma base substancial de poder interna e possua grande interesse em participar de uma reunião, criar problemas por não ter sido convidada para determinada reunião pode ser o equivalente a um suicídio político.

LOCAIS EM QUE VOCÊ PODE RECLAMAR COM SEGURANÇA O CRÉDITO POR SUAS IDEIAS.

Sua chefe parece genial cada vez que sugere uma de suas ideias. Esta é a lei da selva corporativa. A não ser que você tenha plena certeza de que está melhor entrincheirada, não há nada que possa fazer para ultrapassar os efeitos dessa lei. Contudo, existem algumas formas engenhosas de atribuir a si mesma o crédito por suas próprias invenções. Estes seis lugares se acham imunes ao alcance das garras de sua chefe.

1. **SEU CURRÍCULO.** Cite todas as suas realizações em voz bem alta e clara (gabar-se aqui é fortemente recomendado);
2. **SEU PORTFÓLIO.** Você não precisa ser um tipo criativo para montar um portfólio (o que também chamam de *book*). Você apresentou dois fotojornalistas excelentes ao pateta do editor de estilos de vida de seu jornal? Crie um portfólio e inclua essa contribuição como parte de um estudo de caso;
3. **SEU *WEBSITE* OU SUA PÁGINA EM UMA REDE SOCIAL.** Escreva uma autobiografia que proclame aos quatro ventos suas últimas grandes realizações;
4. **SEU *BLOG*.** A apresentação de suas qualidades em um *blog* é a nova ferramenta de autopromoção mais adequada para o século XXI. Somente o fato de possuir um *blog* já é um motivo para se gabar;
5. **SUA APRESENTAÇÃO EM *POWERPOINT*.** Sua chefe atribuiu a si mesma o crédito por sua brilhante ideia sobre investimentos? Redija uma apresentação que explique detalhadamente a ideia e utilize-a para abrir caminho para um emprego melhor em outra empresa. Procure conseguir uma promoção ao mesmo tempo, de tal modo que todos os créditos de seus subordinados lhe sejam atribuídos por meio de seu próximo cargo;
6. **SUA PASTA DE GRÁFICOS.** Faça com que um novo cliente sendo entrevistado folheie a sua fenomenal pasta de gráficos mostrando suas realizações — isto poderá abrir seu caminho para uma nova senda empresarial.

Em resumo, o "mundo exterior" não é tão avarento na atribuição de créditos como o "mundo interior" — esse em que você se movimenta dentro da atual companhia. Por isso, não importa o que transcorra em seus corredores sacrossantos, sempre busque novas maneiras de difundir seu trabalho nos mundos exteriores. Desde que você não revele segredos de sua companhia, não viole acordos de confidencialidade ou tente arranjar uma colocação com os atuais clientes de sua empresa, há numerosas maneiras de obter o crédito que você merece.

Problema Número 38: Você é que deveria ser a chefe dela!

Sua chefe anterior era politicamente habilidosa e gerenciava lindamente suas responsabilidades. Assim, quando sua nova chefe ingressa na firma, você antecipa que ela poderá ter de enfrentar uma íngreme curva de aprendizagem para manejar sua nova posição. Mas ela apareceu há doze meses e agora não é mais tão nova nos meandros da companhia, sem que tenha modificado em grande coisa suas atitudes. O fato é que ela tem preguiça de aprender. Ela chega ao seu cubículo de rato várias vezes por dia para lhe indagar quais seriam as soluções para uma série de pequenos problemas com os quais já deveria saber muito bem como lidar — coisas tipo como funciona o sistema de *intranet*, como deve fazer o preenchimento das planilhas eletrônicas com marcação do horário de entrada de cada item, como preencher os documentos necessários para a liberação dos projetos... Seus relatórios de receita e despesa não somente estão sempre atrasados como basicamente incorretos. E no momento em que ela precisa lembrar quais são os executivos realmente importantes na companhia, ela ainda não faz a menor ideia. Ora, você não está recebendo o suficiente para fazer seu próprio trabalho, quem dirá para fazer o dela!

Solução Número 38: Peça-lhe um aumento de ordenado.

Caso você precise de qualquer encorajamento, encare o espelho de seu banheiro em casa, antes de sair para o serviço durante uma semana e repita o seguinte mantra: *"Eu não sou um capacho. Eu não sou um capacho. Eu não sou..."*. Se isso não funcionar, passe uma manhã inteira olhando para seu cheque de pagamento e mentalizando o cheque de sua chefe, que é muito mais gordo. Droga, ela ganha mais que o dobro em relação a você! Então, pergunte a si mesma: *"Como é que isso pode ser justo?"*. Mas é óbvio que não é. Existe uma grande diferença entre ser uma funcionária prestativa e não passar de um capacho. É fácil ver um reflexo substancial dessa diferença em seu salário. Sua chefe pode ser tão encantadora quanto atrapalhada. De fato, você não se importa de resgatá-la sempre que ela precisar (afinal, ela é tão gentil com você!). Mas se suas numerosas solicitações de assistência somam mais de uma hora por dia de seu precioso tempo, a um ponto em que não consegue realizar a contento seu próprio trabalho, não resta dúvida que, feitas as contas ao final de cada dia, ela está mesmo é se aproveitando de você. Felizmente, existe uma solução razoável para este problema: seja paga para fazer o serviço dela!...

Eis sua estratégia. Em primeiro lugar, conceda à sua nova chefe um período de lua de mel longo e tranquilo para que se aclimate às responsabilidades de sua nova tarefa (digamos, seis meses). A seguir, arranje um tempo mutuamente conveniente para sentarem e bater um papo amigável. Você pode introduzir o problema gentilmente, explicando que treiná-la no uso do sistema de *intranet* e preencher suas planilhas são atividades que estão cobrando tempo das tarefas pelas quais você mesma é responsável e assim precisa devotar algumas horas extras para completar seu próprio trabalho. O fato é que não pode deixar de completar seu serviço e assim fica trabalhando até mais tarde, sem receber pelas horas extras.

Peça à sua chefe que solicite um aumento de salário em seu benefício e sugira uma porcentagem de aumento que lhe pareça razoável dentro das circunstâncias. Diga-lhe então, com toda a delicadeza, que terá todo o prazer em continuar a ajudá-la a cumprir quaisquer de suas tarefas, desde que ela consiga seu aumento. Assim você conseguirá o dinheiro que merece e ela não precisará ter de aprender a fazer a papelada de escritório sozinha, como ela sabe muito bem que é de fato a sua obrigação como chefe. Será uma situação em que as duas sairão ganhando.

Problema Número 39: Ela tem medo de que você lhe tire o emprego.

Talvez você tenha um anjo corporativo, um mentor que lhe conseguiu o emprego e vem cuidando discretamente de você. (Aleluia!) Talvez da única vez que sua chefe permitiu que você participasse de uma reunião o cliente tenha ficado encantado com seu incrível desempenho. (De fato, foi bastante bom, você sabe disso muito bem.)

A despeito de todos os esforços estrênuos de sua chefe para mantê-la na sombra dos bastidores enquanto ela era iluminada pelas luzes da ribalta, alguém notou que você estava realizando um trabalho excelente... e por sorte, esse "alguém" foi o chefe de sua chefe. Ele mencionou que você merecia ser promovida. Sim, queridinha. Naquela noite você fica dando pulos na sala de seu apartamentozinho e inicia uma dança feliz em agradecimento aos deuses corporativos por favorecerem sua boa fortuna.

Ao retornar ao escritório no dia seguinte, você tem um ataque de sobriedade. Embora sua promoção pareça ter sido sancionada pelos seus dois chefes, você sente uma distinta impressão de que sua supervisora direta não aprovou a ideia nem um pouco. Os únicos resultados visíveis são que ela parece estar mais fria que de costume e ainda menos inclinada a convidá-la a participar das reuniões com os clientes.

Solução Número 39: Ocupe sua nova posição dando passinhos de nenê.

Caminhe com o maior cuidado de agora em diante. Sua chefe pode estar preocupada por ter chegado (corretamente) à conclusão de que é tão dispensável quanto uma esferográfica vazia. Para acalmar seus medos, a ideia mais conveniente é que você ingresse bem lentamente em sua nova função. Ao fazer isso, tenha o cuidado de polvilhar sua chefe com um monte de perguntas, para deixar bem claro que ela ainda tem muita coisa para lhe ensinar. Depois de ter sido marginalizada por ela durante um período tão longo, tenha o máximo cuidado para não parecer que pretende eclipsá-la da noite para o dia. Siga um conselho que Dale

> Carnegie, o autor de *Como Fazer Amigos e Influenciar Pessoas* gostava de repetir: *"Proceda de tal modo que a outra pessoa se sinta importante — e o faça com a maior sinceridade".*

MANTRA CORPORATIVO

 As palavras de Indira Gandhi são uma fonte de grande inspiração: *"Certa vez, meu avô[8] me disse que existem dois tipos de pessoas: aquelas que fazem todo o trabalho e as outras que levam o crédito. Procure se manter no primeiro grupo. Ali existe muito menos competição".* Mas se você realmente deseja alcançar sucesso modernamente no mundo dos negócios, o melhor mesmo é participar de ambos os grupos. Seja alguém que faça todo o trabalho e, ao mesmo tempo, maneje para receber todo o crédito que merece.

---

[8] Indira Priyadarshini Nehru, 1917-1984, foi a primeira mulher a ocupar o cargo de primeira--ministra da Índia independente. Adquiriu o sobrenome Gandhi de seu marido Feroze. Era filha de Jawaharlal Nehru e o avô mencionado é Motilal Nehru, chamado *Pandit*, 1861-1931 e não o famoso Mohandas Karamchand Gandhi, 1869-1948, chamado Mahatma ou *Bapu*. (N. do T.)

Problema Número 40: Sua chefe atribui o crédito por sua ideia a uma terceira pessoa.

É permitido protestar quando seu crédito lhe foi roubado e atribuído a um terceiro? No relatório da última conferência, sua ideia fenomenal de como estruturar a venda foi creditada a "Sheila" em vez de você. Bem, naturalmente você confronta Sheila, que lhe jura por todos os santos que a culpa absolutamente não foi dela. Pelo menos, vocês duas concordam nesse ponto. Que diabo! Pois então, você vai marchar até o escritório de sua chefe e exigir que ela faça uma retificação.

Solução Número 40: Inicie uma campanha para registrar tudo.

Uma coisa é aceitar que sua chefe se aproprie de todos os seus créditos. Você está sendo paga para que ela apareça bem e, tal como você já aprendeu nas páginas anteriores deste capítulo, esta é a lei natural do pântano corporativo. Mas é completamente insidioso que sua chefe favoreça realmente suas favoritas em seu descrédito atribuindo o trabalho que você fez com o maior cuidado a outra pessoa da equipe.

Contudo, antes que você embarafuste no escritório dela para arrancar dessa devoradora de créditos uma desculpa muito merecida, respire fundo. (Ou respire fundo duas, não, dez vezes, caso esteja fervendo de raiva.) Algumas vezes o mau comportamento de sua chefe não é exatamente tão malevolente quanto parece. Por uma série de razões, pode ter acontecido que sua chefe não tenha ficado realmente a par de que a ideia foi originada por você. Na eventualidade de que essa seja a situação, o melhor é entrar calmamente e fazer a retificação da maneira mais tranquila possível. "Ei, eu só pensei que você deveria saber que a ideia de estruturar a compra da tal empresa mediante um arrendamento inicial de cinco anos foi minha e não da Sheila." Sua chefe pode até se oferecer para fazer uma retratação pública (nesse caso, peça-lhe que o faça por meio de um *e-mail* transmitido para a lista).

Dependendo da cultura corporativa de sua companhia, você pode aproveitar esta circunstância de atribuição equivocada de crédito como desculpa

» para instituir uma série de medidas que ajudem a alocar o crédito a quem de direito no futuro. Comece a campanha trazendo um desses blocos grandes de desenho e alguns canetões consigo para qualquer reunião futura em que esteja programada um *brainstorming*. Desenhe um gráfico mostrando as etapas do processo durante a reunião, indicando claramente as próximas etapas. Depois encarregue pessoas de se responsabilizarem por cada etapa, colocando suas iniciais nos respectivos gráficos. Outra técnica é a de discutir um procedimento de registro etapa por etapa na documentação de todos os projetos incluindo um selo de aprovação ou um local em que a pessoa que de fato deu a ideia possa assinar conjuntamente com a chefe. Além disso, de tal forma a alocar crédito a quem de direito, explique à sua chefe que a adoção desse tipo de procedimento também a ajudará a determinar responsabilidades — quem deve levar a culpa do quê, caso o projeto não der certo.

As suas melhores ideias lhe vêm no chuveiro quando se prepara para ir ao trabalho de manhã? Crie o hábito de mandar um *e-mail* de casa para sua chefe, comunicando suas ideias *antes* que surja a possibilidade de serem modificadas pelo grupo. Finalmente, guarde para si as suas ideias enquanto estiverem ainda parcialmente formadas. Não as discuta com ninguém de sua equipe, a não ser que essa pessoa seja sua parceira direta no projeto. Você não precisa da aprovação de seus colegas para apresentar quaisquer de suas ideias à sua chefe. Deste modo, conserve-as firme em seu bico como se fosse um gavião até que estejam prontas para serem reveladas durante a apresentação.

Simplesmente Estatísticas

De acordo com uma pesquisa da Universidade Estadual da Flórida, 37% dos funcionários de diversas empresas relataram que seus supervisores deixaram de lhes dar o devido crédito. (4)

A EVOLUÇÃO DE UMA FRASE: A SOBREVIVÊNCIA DOS MAIS APTOS.

A vida corporativa é frequentemente descrita em termos *darwinianos* como um lugar de lutas e empurrões em que somente os mais aptos sobrevivem. Pergunte a qualquer executivo recém-saído da batalha com os jacarés de seu próprio pântano corporativo e ele provavelmente dará a Charles Darwin o crédito pela invenção da frase "sobrevivência dos mais aptos". De fato, foi o economista britânico Herbert Spencer que usou essa expressão pela primeira vez, em 1864, em seus *Princípios de Biologia*. Mas Spencer fora, por sua vez, profundamente influenciado pela obra *A Origem das Espécies*, de Charles Darwin. Em seu livro, Spencer escreveu: *"Esta sobrevivência dos mais aptos [...] é aquilo que o Sr. Darwin descreveu sob a designação de 'seleção natural'"*[9].

Aparentemente, Darwin passou a preferir o termo de Spencer em vez do seu, porque assim se evitava o antropomorfismo implicado pelo termo "seleção". Deste modo, Darwin acabou por empregar pessoalmente essa expressão na quinta edição de *A Origem das Espécies*, em que especificou "a Seleção Natural ou a Sobrevivência dos Mais Aptos".

Na verdade, ele atribuiu amplo crédito a Spencer, escrevendo: *"Eu denominei este princípio, por meio do qual cada pequena variação, ao se demonstrar útil, passa a ser preservada, pelo termo 'seleção natural', a fim de evidenciar sua relação com o poder de seleção demonstrado pelos seres humanos. Mas a expressão frequentemente empregada pelo Sr. Herbert Spencer, a saber, ' a sobrevivência dos mais aptos', é mais acurada e, pelo menos algumas vezes, igualmente conveniente"*.

Ao se atribuírem mutuamente o crédito, ambos os homens melhoraram o conceito original, de tal modo que, entre as duas expressões, 'a sobrevivência dos mais aptos', parece ser o termo que a maior parte das mentes não científicas escolhe hoje para descrever a teoria de Darwin[5].

---

[9] Por sua vez, uma expressão que Darwin escutou empregada por granjeiros com referência ao gado e às aves de criação, generalizando-a e modificando seu sentido. (N. do T.)

A REGRA DE OURO: A caça de créditos é uma das leis naturais da selva corporativa. É impossível combatê-la, de tal modo que o melhor mesmo é adotá-la e capitalizar sobre ela. *A Teoria de Como Roubar dos Subordinados* garante que você receba o crédito por qualquer trabalho executado por seus subordinados, mesmo que todos os seus esforços sejam creditados à sua chefe. Faça um esforço para receber o crédito merecido no mundo externo à empresa enquanto espera subir pela cadeia alimentar corporativa.

capítulo 9

O valentão (*The Bully*)

O nosso produtor executivo original era um sujeito agradável que se dava bem com todo o mundo, mas não estávamos cumprindo nossos prazos. Assim, nos trouxeram a ROLO COMPRESSOR — ela passa diretamente por cima de nós. Ela sempre fala em voz bem alta e grossa. Ela comanda o tempo todo. Ela não parece ter a menor vergonha de estar sempre gritando com as pessoas.

Realmente, a impressão que dá é que você foi obrigado a participar de um jogo de apostas altas ou algum outro ainda mais tenso, como a roleta-russa. Há aproximadamente seis pessoas em sua equipe, liderada por uma Mandona Prepotente, uma mulheraça grande e assustadora. Ao chegar ao escritório, cada membro da equipe já sabe que ela irá disparatar com alguém... as únicas questões são com quem, como e quando.

Para se desviar das balas, são tentadas estratégias diferentes com sucesso variável. Alguns dos participantes viram puxa-sacos da Mandona. Eles podem dizer: "*Puxa vida, que ótima ideia, chefinha!*", quando estão secretamente a ponto de vomitar. As mulheres podem dar risadinhas altas demais quando ela se dá ao luxo de fazer uma piada sem graça. Como a Mandona é do sexo feminino, os rapazes lhe trazem bombons e flores.

Outros membros da equipe fizeram aliança com os executores da Mandona, como uma espécie de "seguro-desemprego" caso sejam atacados. Outros ainda desenvolveram a habilidade de desviar; eles aprenderam a maneira mais rápida de transferir os golpes raivosos da Mandona para outro membro da equipe ou, melhor ainda, para defleti-los em direção a alguém trabalhando em um departamento completamente diverso. Em geral, um dos membros do time desenvolveu a técnica de se ausentar das instalações a cada vez que pressente que a Mandona vai abrir passagem a tapa. Esse artista da evasão finge que está doente ou trabalha na segurança de sua casa executando suas tarefas por teleconferência até que essa rodada em particular de roleta-russa tenha terminado.

Já o Mandão caminha gingando e conserva o dedo no gatilho. Mais que outros tipos de chefes difíceis, mandões prepotentes têm de ser cuidadosamente administrados. A seguir, algumas táticas comprovadas para lhe ajudar a, proverbialmente, pegar o touro (ou a vaca) pelos chifres ou, pelo menos, ser o último a ficar em pé.

Problema Número 41: O mandão prepotente emprega as reuniões para pregar as suas ideias prepotentes.

Esse tipo de chefe é tanto uma fonte permanente de ideias como também é quem toma a decisão final. Pena que suas ideias brilhantes, em sua maior parte, brilham somente dentro de sua cabeça. Mas ele usa as reuniões para apresentar suas próprias ideias. Ele simplesmente *ama* suas próprias ideias. (E sabe perfeitamente impor sua opinião individual para que seja aprovada por unanimidade.) Uma vez que ele tem grande resistência vocal e nunca recua sem uma briga verbal violenta, as ideias do Mandão recebem muito menor escrutínio que as apresentadas por outras pessoas. Temendo suas represálias, os funcionários presentes na reunião ficam assustados demais para discordar dele.

Solução Número 41: Eleja um facilitador para a reunião que não seja o chefe.

Sendo hipercrítico das ideias de todos os demais e favorável apenas às suas, o Mandão não somente tem a primeira palavra relativa a qualquer iniciativa como também a última e todas as palavras que ficam no meio. Caso você trabalhe diretamente para uma pessoa desse tipo, poderá ser muito difícil conseguir que alguma mudança seja feita sem colocar seu pescoço ao alcance do machado. (O melhor mesmo é aguardar pacientemente por algum tempo enquanto espera que o Mandão destrua a si mesmo.)

> Mas se por acaso você apenas participa da equipe na qualidade de representante dos Recursos Humanos e *não se acha* diretamente sob as ordens do Mandão ou se está a par de que os superiores dele na companhia estão exigindo a coleta de novas ideias de todo mundo, você pode tentar fazer com que um facilitador seja eleito para as reuniões internas. Pode ser uma pessoa determinada ou uma função rotativa entre os diversos membros da equipe. A responsabilidade do facilitador é a de conservar o ritmo da reunião e, às vezes, interceder quando as ideias de alguém são descartadas prematuramente. O facilitador pode redirigir a conversa e impedir os monólogos do Mandão dizendo alguma coisa que ele não perceba como sendo uma ameaça, tipo: *"Acredito que a Sandra pode repetir a sua ideia. Eu não entendi direito o que ela nos disse"*. Idealmente, uma outra pessoa presente na sala deve ser o secretário oficial, tomando notas para serem a seguir incluídas no relatório da reunião. Se isto se demonstrar impossível, então o próprio facilitador deverá tomar notas e circulá-las depois entre os demais membros, previamente à redação da ata e antes que muito tempo se tenha passado.

DICA

EXPRESSA

Não se descontrole enquanto espera que a Mandona perca o controle e entre em colapso. A maioria dos prepotentes jamais vencerá um concurso de popularidade. Contudo, as Mandonas podem ser muito astuciosas; seria uma grande bobagem subestimá-las. Derrubá-las do poder pode vir a ser um processo lento e laborioso, mesmo quando os Recursos Humanos e a maior parte de seus colegas de departamento já estão com seus revólveres apontados para elas.

COMO OS PREPOTENTES SE MANTÊM NO PODER.

Mandonas e Mandões são frequentemente pessoas capazes de fazer o que querem e cujas ofensas, táticas de opressão e ataques de fúria não impediram que seguissem em frente. Em certos campos de maior destaque e visibilidade, como a publicidade, a área editorial e a indústria cinematográfica, a presença de ataques de fúria pode ser mesmo encarada por muitos como sendo um sinal de criatividade. A revolta dos empregados pelos maus-tratos e sua inevitável e constante substituição em consequência da torrente de ofensas verbais da Mandona são toleradas pelo mesmo motivo que se aceitam os efeitos colaterais de uma droga poderosa, mas efetiva, empregada no tratamento de qualquer doença grave. E que ninguém se engane: a Mandona é poderosa. Ela deriva seu poder de uma certa rachadura que frequentemente se forma em grandes companhias — uma separação distinta entre os executivos superiores e os empregados de baixo escalão geralmente submetidos às ordens da Mandona. Uma vez que ela somente estoura com os que estão abaixo dela, os que se acham acima, mesmo escutando queixas, raramente têm uma chance para avaliar a cólera provocada pelo mau gênio da Mandona. Mesmo quando uma série de relatórios negativos sobem pelos caminhos corporativos até chegar às suas mãos, os executivos nem sempre se incomodam. Pode até ser que tenham contratado um indivíduo reconhecidamente prepotente precisamente para executar tarefas desagradáveis — tais como limpar um departamento dos elementos mais fracos. *"Prefiro que eles façam do que ter de fazer eu mesmo"*, pensam os diretores da firma com um certo alívio.

Problema Número 42: Atribuição de prazos falsos.

Se os prazos internos ficassem mais apertados, virariam um espartilho. Sem dúvida, cada membro da equipe tem a impressão de estar sendo forçado a encolher a barriga. Eis a razão da esfola: a chefe marca um prazo impossível de cumprir que na verdade se localiza diversas semanas antes da data em que o projeto deve ser realmente apresentado. Se o passado serve como precedente, você já pode antecipar que, depois que você e o resto da equipe se mataram trabalhando noite adentro até que as fluorescentes do teto estouraram a fim de cumprir o prazo maluco que ela lhes impôs, sua chefe vai pegar o projeto, dar-lhes as costas e "recompensar" a equipe sem marcar novas tarefas prementes enquanto "estuda" os resultados durante vários dias. Na verdade, não havia a menor pressa, salvo na cabeça dela. Por que ela se esforça tanto para fingir que existe?

Solução Número 42: Ou procure facilitar as coisas para o grupo ou finja que o prazo marcado seja real.

O estabelecimento de prazos falsos é uma artimanha do prepotente para exercer mais poder. Ao insistir em revisar o material ridiculamente cedo, ele tem maior possibilidade de rasgar tudo em pedaços. Incidentalmente, todos os que trabalham para a Mandona ou o Mandão estão agudamente conscientes de que o prazo determinado é curto demais. O problema é que todos eles têm medo de contrariar o Lobo Mau ou a Loba Má (qualquer que seja seu sexo). Assim o grupo inteiro permanece em silêncio. Em alguns círculos, isto é denominado o *Paradoxo de Abilene*. (6)

Suponhamos que, ao menos no momento, você esteja nas boas graças da Mandona. Bem delicadamente, você pode indagar se a equipe não pode ter mais um dia ou dois para completar suas tarefas. Comece trabalhando com um calendário e voltando para trás a partir da data em que descobriu que a apresentação final realmente está marcada. Fale em termos de "nós". Você pode argumentar alguma coisa benigna e orientada para a equipe, tal como: "Se nós pudermos lhe mostrar a proposta na segunda-feira dia tal, em vez de ser

»

» *na sexta-feira anterior, todos disporão do fim de semana para revisar e ajustar suas ideias e a senhora ainda terá uma semana inteira para fazer a revisão final, provavelmente encontrando menos erros".*

Caso o chefe Prepotente concorde com seus termos, cada membro da equipe terá mais tempo para respirar (de fato, eles só podem ser obrigados a trabalhar no fim de semana se estiverem dispostos). Caso ele discorde e lhe dê uma bofetada verbal, você terá a simpatia dos demais membros da equipe (ganhando alguns favores cármicos que poderá cobrar deles mais tarde). Contudo, se você não faz parte do círculo interno da Mandona, simplesmente aja como se o prazo imposto fosse o verdadeiro. Para que esticar o pescoço e levar uma mordida desnecessária?

Problema Número 43: Você se tornou o alvo das troças do chefe.

Ora, você não se importa com algumas brincadeiras de mau gosto à sua custa, desde que feitas com uma certa gentileza. Mas não existe nada de jovial a respeito das zombarias barbarescas de seu chefe. Ele tem o hábito horrível de fazer troça de você por alguma coisa que simplesmente não dá para corrigir, por exemplo, sua voz fina e anasalada ou sua pouca altura. Dentro do ambiente interno, todos os demais procuram obter a boa vontade do chefe rindo alto das piadas que ele faz à sua custa, mas você fica profundamente embaraçado e só consegue dar um risinho amarelo. Recentemente, o brutamontes tornou a coisa ainda pior ao lhe pôr um apelido horrível (foi tão engraçado, que você esqueceu de rir).

Solução Número 43: Trate de se defender: enfrente o prepotente.

Assim que o Mandão ou a Mandona descobre qual é seu calcanhar de Aquiles, ou seja, seu ponto mais fraco, ele vai continuar a cutucar nesse lugar até que você fique de joelhos. O melhor mesmo é mostrar que tem ossos duros de roer do que se deitar de costas e mostrar a barriga como um cachorrinho. Afinal de contas, ninguém chegou à grandeza por meio de demonstrações de covardia. Consiga uma reunião em particular com seu chefe e lembre de fechar bem a porta para que ele não se sinta na obrigação de se exibir para os demais. Olhe seu chefe diretamente nos olhos e apresente seu protesto. Se não adiantar, diga-lhe claramente para parar de fazer troça de você ou será obrigada a colocar o protesto nas redes sociais ou no site *SaveTheAssistants.com*, com uma foto sua e seu nome verdadeiro. Quando ele ficar de queixo caído, antes que os dentes dele quiquem no chão, dê uma gargalhada de hiena e lhe diga que "só estava brincando". Ele vai pensar duas vezes antes de mexer com você de novo.

DICA

EXPRESSA

De acordo com um estudo realizado no Reino Unido (Inglaterra) pela Escola de Administração de Manchester, (7) a adoção de atitudes prepotentes como o *bullying* geralmente acompanha um estilo autocrático de administração, confrontador e machista, mas não necessariamente ligado ao sexo. Dito isso, é comum encontrar tanto Mandonas quanto Mandões Prepotentes, sem que isto inclua agressões físicas ou verbais diretas. Exemplos de atitudes que podem ser classificadas como *bullying* incluem mencionar em público defeitos reais ou inexistentes, humilhação, ridículo e mesmo "espalhar fofocas e rumores a seu respeito" pelas redes sociais.

Problema Número 44: Você se tornou o alvo permanente das repreensões do seu chefe.

Inicialmente, ele a repreende por falar demais nas reuniões. Depois, fica reclamando por estar quieta demais. Ele oscila em torno do que realmente deseja, alternadamente comentando que você faz projetos longos demais ou que suas apresentações mal tocam a superfície. Ele lhe disse de forma bastante clara que odeia suas análises FOFA: forças, fraquezas, oportunidades e ameaças, depois que você passou horas em sua elaboração. Da última vez que você contou, suas críticas ganharam de sete a um de seus elogios, quando você recorda de ter lido em algum manual popular sobre administração que deveria ser justamente o contrário.

Solução Número 44: Mantenha a calma: esse seu jeito pode até significar que você é a favorita.

Muitos Mandões de escritório gostam de mexer justamente com os funcionários que secretamente admiram. É quase como se existisse uma relação inversamente proporcional entre o volume do Mandão (trovejante) e seu leque de emoções (minúsculo). Uma vez que ele não tem a menor ideia de como expressar uma verdadeira apreciação ou mesmo gratidão, algumas vezes a única forma que ele encontra para "expressar seu amor" é latindo como um cachorrão. O problema é que, ao contrário do provérbio, seu latido pode ser pior que sua mordida.

Os estudos demonstram que, a fim de que o procedimento de alguém possa ser mesmo *considerado* como um ato de *bullying*, ele terá de ser percebido como tal pelo alvo a quem é dirigido. Se você baixar suas expectativas de maior cordialidade com relação a seu chefe e reconhecer que um prepotente sempre será um prepotente, dois resultados são possíveis. Primeiro, seu comportamento passará a incomodá-lo cada vez menos (porque você perceberá que ele não pode evitar ser assim); e em segundo, você vai parar de se esforçar tanto para agradá-lo (porque entenderá que isso, em certo nível primário de sua psique, é realmente impossível).

Se ele continuar a tratá-la como um saco de pancadas verbal, tudo bem. Mas por que castigar a si mesma entrando num frenesi na vã esperança de agradar um bobalhão desses?

MANTRA CORPORATIVO

 "Seja fiel à sua própria natureza" — ninguém soube dizer isso melhor do que William Shakespeare. Somente você conhece seus próprios limites: aquilo que você pode e não pode aceitar. Se as ofensas do Mandão não conseguem grudar, como se você estivesse coberto de *teflon*, dê um grande abraço de parabéns em si mesmo. Sem a menor dúvida, você tem habilidades de enfrentamento de nível superior. Mas se os seus disparates começaram a quebrar os cantinhos de sua autoestima, está em tempo de protestar diretamente (a seu chefe), de reclamar indiretamente (a alguém no departamento de Recursos Humanos) ou, pelo menos, antes de sair para o trabalho, pronunciar todas as manhãs em frente ao espelho um discurso fogoso no sentido de *Pegue seu Emprego e Enfie Você Sabe Onde!*

Problema Número 45: Você ficou tão aborrecida, que nem sequer consegue olhar mais para ele.

Suas provocações beligerantes costumavam ser dirigidas a outro elemento da equipe que rapidamente deu um jeito de pular para um emprego melhor dentro da própria organização. (Você achou muito inspiradora esta manobra digna de um Houdini!...)[10] Nas semanas seguintes, as cabeçadas do Mandão ficaram mais ou menos contidas e todos respiraram de alívio. Passado o caso, foi percebido que ele simplesmente também estava respirando fundo até escolher uma nova vítima. E a escolhida foi... VOCÊ! De repente, seu chefe começou a lhe dar chicotadas verbais com abandono, tão dolorosas que pareciam gotas de ácido. Você fica esperando ser resgatada por algum cavaleiro andante corporativo. Mas embora os companheiros de equipe pareçam simpatizar com sua situação, por motivos óbvios nenhum dos cavalheiros seus colegas dá um pulo para se interpor e salvá-la do dragão. Os rumores do escritório aconselham firmemente a não entrar em conflito com esse Mandão em particular. Os sussurros afirmam que ele é impossível de ser domado. E você tem receio de discutir seus problemas com qualquer funcionário do departamento de Recursos Humanos (por algum motivo, você tem a impressão de que todos o adoram por lá — sabe-se lá por quê!).

Solução Número 45: Está na hora de tirar umas férias.

Não faça nada drástico (a não ser que você considere comprar passagem em um cruzeiro de luxo como sendo drástico; neste caso, nem pense duas vezes!). Se não tiver férias vencidas, peça uma licença para tratamento de saúde ou coisa parecida, mas procure ficar longe do escritório o tempo suficiente para o Mandão localizar um novo alvo. Ele não vai conseguir viver sem um outro por muito tempo.

»

---

[10] Erik Weisz ou Ehrich Weiss (1874-1926), ilusionista húngaro naturalizado norte-americano, conhecido como "O Mestre da Fuga", capaz de proezas como ser enterrado vivo ou ser preso acorrentado em um tanque cheio de água e mesmo assim conseguir escapar. (N. do T.)

» Enquanto estiver afastada, medite em como seria sua vida sem que este chefe em particular ficasse pisoteando seus sentimentos com sapatos de alpinista. Se você decidir que precisa se livrar dele, procure queimá-lo com algum de seus superiores, mas primeiro planeje sua estratégia com toda a calma, de forma adequada para alguém que acabou de chegar de férias (pensando bem, você não quer queimar todas as suas pontes).

E se você decidir que simplesmente não tem condições de viver sem o salário que recebe da firma? Então imagine que comprou uma cota de malha em algum antiquário e se aproxime de seu Mandão toda revestida de aço. Recuse-se obstinadamente a abrir qualquer brecha de modo que seu chefe possa entrar em sua armadura, porque estaria de fato lhe dando acesso à sua autoestima e permitindo que ele corresse à solta lá por dentro. Sua autoestima é seu bem mais precioso enquanto o homem a quem deve obediência não passa de um filho da !#$&%!

> ## LISTA DE VERIFICAÇÃO DOS CHEFES QUE PRATICAM *BULLYING*
>
> *Se forem deixados em paz, a maioria dos seres humanos civilizados prefere evitar confrontos. Já os Mandões Prepotentes são constituídos de forma diferente. Eles podem ter crescido em lares abusivos, com pais frios e desinteressados ou violentos como seus modelos comportamentais. Embora não existam estudos formais acompanhando os meninos e meninas "dominadores" dos jardins de infância para determinar se mais tarde efetivamente se transformam em chefes prepotentes nos seus locais de emprego, existe quantidade de evidências empíricas sugerindo que isto efetivamente acontece. Abaixo seguem alguns dos métodos que seu prepotente favorito pode estar empregando para impor sua vontade como um verdadeiro Bully, sem chegar a apelar diretamente para a força física.*
>
> - **TER ACESSOS DE RAIVA POR PEQUENAS INFRAÇÕES.** Alguém lhe trouxe o sanduíche errado por engano? O encarregado do *freezer* colocou de novo um suprimento de Coca-Cola *diet* quando ele prefere a tradicional? O *Bully* mantém seu ego de guri mal-educado em permanente contato com o adulto prepotente;
>
> - **LANÇAR OS COLEGAS DE TRABALHO UNS CONTRA OS OUTROS ENQUANTO COMPETEM PELO SEU FAVOR.** A queridinha do escritório pode ser o capacho de amanhã (o Mandão troca de favoritos da noite para o dia);
>
> - **DECAPITAR OS QUE DISCORDAM DELE.** O Mandão despede sem aviso prévio quem se recusa a lhe obedecer. Por alguma razão, os funcionários o chamam de "Henrique VIII"[11] pelas costas;
>
> »

---

[11] O rei Henry Tudor ou Henry VIII (1491-1547), que serviu de modelo para o Barba Azul, por ter se casado seis vezes, não mandou decapitar todas as esposas, como reza a lenda; somente Anne Boleyn e Catherine Howard, ambas acusadas de traição, juntamente com alguns de seus familiares. Catalina de Aragón, a primeira (1485-1536), morreu de morte natural após a anulação de seu casamento, e Jane Seymour morreu de parto. Tanto Anne de Clèves como Catherine Parr sobreviveram ao rei. A decapitação era uma morte honrosa reservada à nobreza e bastante frequente na época; bem pior era a queima de protestantes, que continuou durante todo o reinado de Henry VIII e chegou a muitas centenas no reinado de sua filha, Mary I, católica fervorosa. A Igreja Anglicana somente se separou de Roma durante o reinado de seu filho Edward VI. (N. do T.)

- **ISOLAR UM ELEMENTO DA EQUIPE COMO SEU ALVO PERMANENTE.** O chefe prepotente passa a chicoteá-lo ou chicoteá-la verbalmente em público a qualquer momento;
- **DIRIGIR O ESCRITÓRIO CONSOANTE SEUS CAPRICHOS.** Furioso. Calmo. Alegre. Triste. Suas mudanças de humor oscilam mais depressa que um metrônomo marca o compasso da música;
- **DEMONSTRAR ORGULHO POR SEU PRÓPRIO MAU COMPORTAMENTO.** Eu sou o tal e os outros que se danem.

Simplesmente Estatísticas

De acordo com uma pesquisa da Aliança pela Legalidade do Emprego, 44% dos trabalhadores norte-americanos declaram que já trabalharam para um chefe abusivo e 64% acreditam que os funcionários maltratados devem ter o direito de abrir processo por danos morais. (8) No Brasil, o problema é ainda maior. De acordo com uma pesquisa realizada pelo *site* Vagas.com em maio de 2015 e publicada pela BBC Brasil, dos 4.975 profissionais ouvidos de todas as regiões do país, 52% disseram ter sido vítimas de assédio sexual ou moral. E, entre aqueles que não passaram por esta situação, 34% já presenciaram algum episódio de abuso por parte dos chefes. No Brasil, não há uma lei específica que trata do assédio moral. Para que o assédio seja configurado, é preciso que o assediador seja hierarquicamente superior ao assediado e que haja abuso de poder que possa prejudicar o subordinado. Mas é preciso que a conduta do chefe seja reiteradamente agressiva ou humilhante. Uma piada ofensiva ou uma ameaça isolada, por exemplo, não são assédio, apesar de serem atitudes possivelmente ilícitas e passíveis de punições. O que caracteriza assédio, em nosso país, é o fato de um chefe pedir sistematicamente para um funcionário realizar tarefas e ameaçar com demissão caso esta ordem seja descumprida.

A REGRA DE OURO: Os *bullies* prepotentes são sempre durões, não importa seu sexo, mas quando são enfrentados têm a tendência a recuar e em certas ocasiões chegam a chorar como crianças. Mas escolha com cuidado suas batalhas. Se você for o alvo da ira de um Mandão ou Mandona, pese cuidadosamente os prós e contras de sua carreira contra os problemas de saúde mental que podem resultar ao suportar os seus abusos. Caso consiga se ausentar do escritório por algum tempo, poderá evitar que uma bala acerte em você. O prepotente sempre precisa de alguém para atormentar, e se você não estiver mais por perto, seu alvo pode facilmente mudar.

capítulo 10

O Covarde

Ele acreditava firmemente naquele hábito típico de Wall Street de adiar a comunicação das más notícias por tanto tempo quanto fosse possível.

O principal cliente de sua companhia, a chamada conta "pão com manteiga", decidiu de repente passar a manteiga do seu pão em qualquer outra firma? A matriz multinacional de sua filial acabou de enviar uma frota de executivos vestindo ternos risca de giz para "resgatar" os principais diretores locais com cargas de conselhos sobre como corrigir tudo o que seu escritório está fazendo errado? Seu principal fornecedor entrou em concordata? Não espere que seu chefe lhe conte nada disso!...

Quando se trata de compartilhar más notícias, ele aperta os lábios firmemente ("Lábios frouxos afundam navios", ele afirma com frequência). E embora afirme que sempre que possível, prefere transmitir boas-novas a seus funcionários, a verdade é que ele não conta as más novas por puro medo.

Quando a situação da empresa fica apertada, o covarde se revela tirando longas férias. Como o Mágico, todos sabem que ele faz longas viagens que o conservam longe do escritório (no seu caso, ele prefere estar longe e abrigado em uma praia segura enquanto as tempestades políticas assolam a filial). Contudo, diferentemente da maioria dos Mágicos, o covarde tem os pés bem fincados no chão. Uma vez que ele raramente toma partido, na hora das demissões nenhum dos lados tem objeções à sua permanência.

Quando seu chefe é um covarde, você deve demonstrar força, fraqueza, ambas as qualidades ou nenhuma destas atitudes? Qual é a melhor estratégia de sobrevivência a adotar?

Problema Número 46: *Ele não transmite as más notícias até que seja tarde demais.*

Ele retorna muito quietinho de uma reunião de negócios em que uma venda importante deveria ser confirmada, fecha devagar a porta de seu escritório e não aparece diante dos funcionários durante três dias; quando entra ou sai, não fala com ninguém. "Mas o que foi que aconteceu?" — todo mundo quer saber. A rádio peão transmite sem parar, mas os subalternos somente podem murmurar uns com os outros. Até o funcionário de maior confiança do covarde parece não fazer a menor ideia do que houve. No dia quatro, o covarde faz distribuir um memorando aos membros da equipe em que agradece a todos pela sua moral e *esprit-de-corps*. Três semanas mais tarde, você finalmente fica sabendo que ele não conseguiu fechar o negócio para a companhia. Seis semanas mais tarde, ninguém *ainda sabe o porquê*.

Solução Número 46: *Calcule o custo da demora.*

O covarde tem dificuldade de se abrir com as pessoas, especialmente quando somente tem más notícias para compartilhar (afinal de contas, ele não passa de um covarde). Mas no caso de você se achar em uma posição na qual poderá realmente ajudar seu chefe a reparar os danos, precisa de tanto tempo de prazo quanto possível. De algum modo, terá de dar um jeito de persuadi-lo a se abrir ao menos com você, mesmo que lhe peça discrição. Uma forma será conversar com ele a respeito dos custos. Quanto dinheiro a companhia poderá perder quando as notícias negativas não lhe chegam em tempo hábil? Em resumo, qual é o preço a ser pago pelo adiamento da comunicação? Aqui seguem alguns exemplos:

- **Os Rumores Começaram.** O bate-papo nos corredores distrai os funcionários, fazendo declinar a produtividade. Se quiser pensar matematicamente, você poderia adivinhar/calcular quantos funcionários fofocaram por quantos minutos cada dia e quanto foi o custo disso por hora;
- **A Imprensa já Escutou a Respeito.** Más notícias evaporam pelos respiradores do teto do escritório. Caso seu chefe tivesse explicado o que aconteceu um pouco mais cedo, você poderia ter sido capaz de deixar a

»   notícia vazar para a imprensa da forma mais favorável possível. Uma vez que ele não explicou, os repórteres já chegaram às conclusões mais disparatadas e prejudiciais. O moral dos funcionários caiu vinte e seis andares até o porão (ou mais ainda, caso seu edifício seja desses realmente altos);

- **A Concorrência já Sabe das Más Notícias.** Antes que as novas tenham sido difundidas dentro de sua própria empresa, seus concorrentes já conhecem todos os detalhes. Isto lhes dá grande vantagem de mercado e lhes permite engolir ainda mais os futuros lucros de sua empresa.

OS RESULTADOS DE ESCONDER INFORMAÇÕES DO DIRETÓRIO INFORMATIVO DE EMPRESAS.

Vamos dizer com delicadeza que seu chefe não gosta de compartilhar. Em um mundo em que o EDI (Excesso de Informação) é a regra, seu chefe não distribui AMI (A Mínima Informação). Talvez a sua função envolva controle de danos. Mas você não pode controlar dano algum, porque nem sabe ainda que ocorreu qualquer dano. Será que seu chefe não percebe que ao manter segredo sobre grandes problemas ele está limitando a sua capacidade de realizar sua própria tarefa?

A resposta é complexa. Seu chefe já aprendeu que na Era da Informação o controle de informações é uma fonte de poder em si mesma. Ele pode estar retardando a difusão das más notícias até que possa pedir instruções diretamente a uma determinada pessoa — o chefe dele, o advogado principal da empresa ou o porta-voz da companhia.

Caso suas más notícias sejam subjetivas, seu chefe pode estar esperando por alguma confirmação objetiva antes de permitir sua difusão. (Até que ponto a reunião foi realmente ruim? Os resultados foram tão maus quanto ele pensava? É possível, de algum modo, salvar o relacionamento com aquele cliente?)

Se sua companhia recebeu publicidade negativa, seu chefe pode estar procrastinando deliberadamente para avaliar a repercussão antes de reagir a ela de »

> *forma mais pública. Se os resultados de um determinado período de vendas foram negativos ou mesmo deprimentes, ele pode estar escondido em seu escritório todos esses dias para que ninguém o veja ajoelhado e rezando por um milagre.*
>
> *Em acréscimo a todas essas razões perfeitamente válidas para manter o fluxo de informações apertado em um torno, pode haver um fator que sobrepuje a todos os demais: simplesmente, em seu coração, seu chefe é um covarde!*

Problema Número 47: *Em vez de lhe dar seu apoio, ele quer que você aceite toda a responsabilidade.*

Semana passada, ele aplaudiu a nova estratégia que você planejou e chegou até mesmo a demonstrar entusiasmo, declarando que foi "um grande avanço". Desde então, ele teve diversas reuniões com seus superiores e finalmente retorna com suas avaliações, todas negativas. Não pretendia lhe dizer nada, mas você insiste com ele para saber qual foi a decisão deles. Ele responde: "Você está absolutamente correto. Eu não quero ser o intermediário em um projeto assim tão importante. Faça-me um favor e vá a meus supervisores para lhes fazer a exposição diretamente, sim?".

Solução Número 47: *Aceite a responsabilidade, mas sem se comprometer demais.*

O poder de seu chefe deriva de sua habilidade em se manter destacado do resultado de qualquer projeto em particular. Ao autorizar e mesmo recomendar que você vá falar diretamente com os superiores dele, sem a sua presença, ele está mandando você entrar na cova dos leões. Se eles o desmembrarem pedacinho por pedacinho, ele certamente não se apresentará depois para protegê-lo. A única armadura que você pode levar consigo é o manto do descompromisso. Se você mantiver uma atitude de distanciamento, permanecerá invencível e, ironicamente, as pessoas situadas muito acima na escala de poder respeitam esse tipo de atitude. Não demonstre seus sentimentos de forma apaixonada em favor do seu projeto, muito pelo contrário, descreva-o com lógica linear. Se isto ajudar, finja que foi outra pessoa que trabalhou nesse projeto em seu lugar e que você foi somente encarregado de fazer a apresentação. Permaneça enfocado no fato de que está falando a respeito do trabalho. Nunca pense em qualquer projeto como sendo seu "filho espiritual". Outro ardil que pode funcionar: imagine que você está em seu leito de morte, passando tranquilamente em revista sua vida pregressa. Nessa ocasião, você sequer recordaria desse projeto em particular? Mas é claro que não. Conserve o efeito de distanciamento.

Simplesmente Estatísticas

Quando as pessoas estavam sendo entrevistadas durante a pesquisa anterior à redação deste livro, tanto se queixaram de trabalhar para covardes quanto reclamaram de chefes prepotentes. Os prepotentes inspiravam medo, mas os covardes não causavam nada mais do que desdém. Falta de coragem é uma qualidade universalmente desprezada em qualquer chefe.

Problema Número 48: Ele regularmente desautoriza os membros de sua equipe.

Seu chefe fala um dialeto chamado Duplo Sentido. Há dois verbos nesta linguagem especial: *cumprimentar* e *descumprimentar*. Quando você apresenta seu trabalho, ele o elogia em sua presença. Mas no momento em que qualquer pessoa põe defeitos na apresentação, ele concorda com ele ou ela, efetivamente "deselogiando" seu trabalho pelas costas. Finalmente, quando você se aproxima dele e indaga por que sua proposta morreu, ele o aplaude por sua ética funcional — e lhe garante que você está fazendo um trabalho excelente.

Solução Número 48: Crie novas alianças a fim de obter melhores resultados.

A maioria das áreas depende da intensidade dos resultados obtidos. No final de seu período de avaliação de desempenho, espera-se que você disponha de resultados reais para mostrar seus esforços. Isso funciona de uma forma muito bonita — desde que seu chefe e outros membros de seu departamento gostem de suas ideias e sugestões. Mas e se ocorrer que você persistentemente apresente ideias que ninguém mais na companhia queira comprar? Você vai precisar descobrir uma forma de fazer com que pelo menos um de seus projetos seja aprovado pelos poderes reinantes, caso contrário será cortado da folha de pagamento mais depressa do que é capaz de protestar: *"Ei, esperem um minuto! Eu sou realmente valioso para a empresa!"*.

Comece a pensar como um participante de um *reality show* de televisão, tal como *Survivor* (Sobrevivente) ou *The Apprentice* (O Aprendiz)[12] ou mesmo do

---

[12] Em *Survivor*, um grupo de competidores forma uma "tribo", geralmente largada por um helicóptero em um lugar inóspito qualquer. No mesmo modelo do BBB, os membros da tribo vão sendo progressivamente eliminados por votação. Criado em 1992 por Charlie Parsons na Inglaterra, o *reality* só alcançou sucesso em 1997 na versão sueca. *The Apprentice* foi apresentado por Donald Trump, incluindo 16 a 18 pessoas com experiência comercial, competindo para eliminar os concorrentes, tal como no mundo real. O prêmio é um contrato de 250.000 dólares anuais na direção de uma das empresas do grupo Donald Trump, que finaliza cada episódio eliminando um dos concorrentes com o bordão *"You are Fired!"*. (N. do T.)

» *Big Brother Brasil.* Forje uma aliança com alguém cujos projetos já viu serem aprovados. (Para obter este resultado, o melhor mesmo é que você seja amigo dessa pessoa muito antes do seu momento de necessidade.) Diga à sua colega de escritório que você sinceramente iria adorar a oportunidade de trabalhar com ela e que tem esperança de aprender as táticas que ela emprega. E daí, se você perceber que, de fato, ela é mais talentosa do que você? Torne a ideia de trabalharem juntos mais atraente, oferecendo-se para realizar a maior parte do trabalho manual — pesquisas, coleta de informações, modelagem financeira, estatísticas, digitação, correção de provas — qualquer coisa que ela queira designar para você — enquanto ela se concentra na parte mais intelectual e suculenta do projeto.

Seu chefe e os demais colegas terão maior dificuldade em rejeitar seu trabalho quando foi feito em conjunto e traz as digitais de uma das melhores funcionárias do escritório virtualmente em cada uma de suas páginas.

Problema Número 49: Ele o promove à função de "tira malvado".

Seu chefe o promoveu a uma nova função, e o novo nível de responsabilidade o deixou tão entusiasmado, que durante os primeiros meses você praticamente não percebe a frequência com que seu chefe se esconde atrás de você. Mas logo que a excitação inicial se desgasta, fica impossível negar esse fato. Ele o encarrega de dar as más notícias e apresentar suas repreensões aos colegas enquanto ele se limita a sorrir, dar-lhe palmadinhas nas costas e fazer um eventual elogio como quem dá uma cenoura para seu burro de carga. Mas que fulaninho bem falso!

Solução Número 49: Deixe bem claro a seus colegas que você é somente o mensageiro das más notícias.

O covarde detesta enfrentamentos de qualquer tipo. Portanto, não é prudente confrontá-lo com a frustração que está experimentando por causa do presente arranjo. Ele automaticamente irá presumir que você tem medo de exercer sua nova função.

Quando você precisar dar más notícias a seus colegas, simplesmente deixe bem claro que a iniciativa não é sua e só está cumprindo as ordens do chefe. Eis um modelo experimental de procedimento que poderá ser útil neste caso: *"Brian me pediu para lhe comunicar que sua proposta deve ser maciçamente reformulada. Lamento ter de lhe dizer isto, porque pessoalmente acho que tem bastante mérito, pelo menos em parte. Por favor, não mate o mensageiro..."*.

Pratique estas sentenças, modifique o que achar necessário e as retorça até que soem naturalmente em sua boca. Mas garanta que qualquer coisa que vá dizer a seu infeliz colega transmita a ideia de que a mensagem desceu do chefe e que pessoalmente simpatiza com o destinatário das más notícias. Ao mesmo tempo, formule a determinação de tal forma que, ao dourar a pílula amarga, suas palavras não possam ser retorcidas de modo a significar que você é contrário ao ponto de vista de seu chefe. Baixe a temperatura para morno antes de entregar a batata quente, mas entregue-a inteira e assim não terá problemas.

DICA

EXPRESSA

Aprenda a empregar o *modus operandi* de seu chefe. Permaneça à sua sombra sempre que puder. Se ele lhe pedir para repassar informações difíceis de engolir para as demais pessoas de seu departamento, coloque todo o açúcar possível nas pílulas amargas antes de administrá-las. Publicamente, mostre todo o respeito para com o covarde, sempre que houver ocasião para isso. Garanta que todos saibam que o covarde ainda é o número um e você apenas um mensageiro obediente.

AFUNDAR OU NADAR: O QUE OS COVARDES PODEM ENSINAR SOBRE TÉCNICAS DE SOBREVIVÊNCIA

A maior parte dos chefes encaram seus subordinados como se fossem crianças, cujo tempo, desenvolvimento e lições de casa requerem monitoramento constante. Em retorno pela disponibilidade com que aceitam este trabalho de supervisão (ou seja, microgerenciamento) estes chefes oferecem à sua gente um certo grau de proteção. Em contraste, o covarde considera seus funcionários como adultos que têm de se virar sozinhos. Você precisa de ajuda para completar uma tarefa? O covarde não acha difícil lhe dar um pequeno auxílio, mas no momento em que sua orientação for questionada por qualquer pessoa que tenha um certo grau de autoridade na firma, não apenas um superior, mas um colega do mesmo nível, ele sai pela tangente o mais depressa que puder. A única coisa pela qual o covarde sente um real grau de paixão é sua própria sobrevivência, que se acha virtualmente garantida, já que ele não se compromete com nada mais. Deste modo, é possível aprender muitos truques de sobrevivência a partir do exame do comportamento de um covarde corporativo.

Quando dois partidos se formam em torno de uma ardente troca de opiniões dentro da companhia e os executivos de médio escalão começam a escolher seus lados, monitore detalhadamente as ações do covarde. Escute o que ele diz. Como ele consegue acalmar os exaltados e diminuir a importância das pequenas queixas que uns têm dos outros? Como ele consegue redirecionar uma conversação exaltada para um território mais neutro? Existem algumas frases tranquilizadoras prontas que ele costuma repetir? Tome nota delas mentalmente e recicle algumas das mais bem-sucedidas cada vez que se veja inserido em um debate enfurecido.

Problema Número 50: *Ele o critica por meio de terceiros.*

Seu chefe menciona casualmente um problema que surgiu entre ele e você ao passar por alguém no corredor. Essa pessoa imediatamente vem lhe falar a respeito. Ainda que você não possa imaginar exatamente por que seu confidente lhe mentiria, tampouco se sente inteiramente seguro sobre o que deve fazer com esta informação supostamente "confidencial". É desagradável receber uma avaliação negativa por meio de um terceiro, seja quem for. Será que seu chefe pode ser realmente tão passivo-agressivo?

Solução Número 50: *Ou ignore a observação supostamente casual ou modifique o que foi criticado (não faça a asneira de pedir uma reunião para reclamar ou esclarecer as coisas).*

Faça de conta que é uma mosquinha pousada na parede do corredor durante essa conversa em particular e que ouviu alguma coisa que não devia. Ou que, atrás de portas fechadas, escutou seu chefe enquanto ele revelava sua verdadeira personalidade. Mas simplesmente porque seu chefe se deixou levar por um momento de agressão desenfreada às escondidas contra você, isso não significa que você deva sair chispando e de forma igualmente agressiva tentar descobrir o que ele queria dizer com essa observação. Ao contrário, agradeça a seu confidente por lhe transmitir a informação. Leve um dia ou dois dissecando o que escutou. Se achar que essa crítica emitida por seu chefe a seu respeito é legítima, dê os passos necessários para modificar qualquer coisa a que se refira. Porém, se após uma cuidadosa consideração, acreditar que a acusação foi injusta, simplesmente tire a coisa toda de sua cabeça. Por enquanto, sua opinião negativa a seu respeito não chegou ao nível em que ele achou necessário chamá-lo para uma conversa.

MANTRA CORPORATIVO

 "Engula uma 'pílula de gelo'." Demonstre-se menos apaixonado por seu trabalho. Quando você tem um covarde como seu líder temeroso, realmente não tem outra escolha.

A REGRA DE OURO: Certa vez, Albert Camus escreveu: "Sempre existe uma filosofia justificando a falta de coragem". O outro nome dessa filosofia é instinto de sobrevivência. E não se engane em absoluto, o covarde é um sobrevivente. Sua aura de destaque o protege dos desastres políticos que ocorrem dentro da organização. Durante muitas tempestades corporativas, ele é o último homem a ficar de pé. Em vez de desprezá-lo, como tantos o fazem, tente aprender algumas de suas técnicas a fim de favorecer suas próprias chances de sobrevivência.

[capítulo 11

O chefe temporário

O homem que me deixou absolutamente enlouquecido com suas diretivas contraditórias e insistentes nem ao menos era meu chefe oficial.

Ele chega como o terrorista furtivo. Sorrateiramente, é introduzido no maior escritório ainda vago no andar de seu departamento (como se ninguém fosse perceber que ali se encontra um novo residente). Passam-se vários dias. Ninguém da direção superior da firma se dá ao trabalho de apresentar esse estranho às tropas. Certo dia, ele ataca você no corredor para pedir qualquer coisa trivial, como uma esferográfica ou um clipe de prender papéis. Você vai buscar sem discutir.

Depois de sua não apresentação inicial, se por acaso você é infeliz o suficiente para ocupar o escritório ou a escrivaninha do cubículo mais próximo, pronto! Lá está você em sua linha de fogo. E ele requer um nível alto e constante de manutenção. Ele precisa ter acesso aos arquivos, saber qual o código para entrar no lavatório masculino, receber a lista dos telefones dos funcionários, outra lista com o título e cargo de cada um de seus novos subordinados, uma lista dos menus que podem ser pedidos à lanchonete da firma e até uma chave para a porta dos fundos. De onde ele pode mandar buscar o material que precisa para seu escritório, indaga, cheio de impaciência. Quem trabalha no departamento dos sistemas de informações administrativas e por que diabo ainda não vieram instalar o computador que já deveria ter encontrado em sua sala ao chegar? Você dispõe de um bloco amarelo para anotações que lhe possa ceder?

Você está ansioso para lhe dizer que não é seu secretário ou secretária, mas teme que lhe falar desta maneira seja considerado uma infração das normas de boa educação ou deixá-lo de má vontade para consigo. Em vez disso, você lhe aperta a mão educadamente, mostra-lhe seu melhor sorriso de programa de televisão e se apresenta, dizendo seu nome e sobrenome. Seus olhos furtivos se desviam para um lado e ele reconhece, com mau humor evidente em seu tom de voz: *"Eu sou Steve"*. Você já gastou horas e horas atendendo a todos os seus caprichos, e mesmo assim este Steve rabugento nem se digna a lhe dizer seu sobrenome.

Mas afinal, quem é mesmo este intruso? E precisamente por quanto tempo ele pretende ficar perambulando por aqui sem que ninguém faça ideia de qual é a sua posição na firma?

Problema Número 51: Ele atrai a todos para sua própria órbita.

Se os homens são de Marte e as mulheres, de Vênus, este extraterrestre deve ter chegado de Plutão. Ele embarafusta pelos corredores, exigindo novos relatórios de cada um que encontra, solicita as atas de conferências antigas, resumos das propostas de trabalho ultrapassadas, juntamente com uma floresta de outros documentos de todos os infelizes funcionários que lhe caem nas garras. Qual é o caso dele? É um investigador particular? Alguém enviado pela matriz que veio fazer uma vistoria na filial? Um funcionário da exatoria fazendo uma auditoria na firma? Um consultor contratado pela firma para fazer uma sindicância em razão de qualquer problema que todos desconhecem? Um soldado mercenário montando guarda para ninguém fugir com documentos importantes? Um executor escolhendo as cabeças que devem ser cortadas? Você praticamente está trabalhando apenas para atender às suas demandas e até agora *ainda* não sabe qual é seu (dele) sobrenome!

Solução Número 51: Reconheça que está lidando com uma força da natureza de origem desconhecida, mas provavelmente perigosa.

Se a administração superior não o tivesse enviado e lhe atribuído autoridade suficiente sabe-se lá para que, ele não teria sido designado para aquele lindo escritório no canto, com a melhor vista do andar (anteriormente

» ocupado pelo seu chefe). Contudo, até o presente nenhuma informação foi transmitida da direção superior para o benefício do funcionalismo, e isto apenas aumenta a confusão. A primeira notícia que teve dele foi quando o encontrou inicialmente no corredor e já lhe veio cobrando isto ou aquilo, mas a maneira como se comporta pode indicar claramente que este homem *sem sobrenome* pode perfeitamente ser seu futuro chefe. Portanto, a primeira coisa que deve fazer é procurar deixá-lo totalmente à vontade em seu novo escritório "temporário". E então, no primeiro momento em que ele parar de assaltá-lo em busca de novos materiais de escritório ou requerendo informações que um chefe verdadeiro já deveria saber, vá à página seguinte e leia o quadro intitulado *"Os Dois Tipos de Pistoleiros Contratados"*.

MANTRA CORPORATIVO

 "A Paciência é uma Virtude." Se, por acaso, você não é uma pessoa paciente por natureza, faça o melhor possível para fingir que é. Respire fundo para limpar a alma. Comece a praticar meditação transcendental. Diga *"Om mane padme om"* quantas vezes ao dia forem necessárias.

OS DOIS TIPOS DE PISTOLEIROS CONTRATADOS

Quem é essa celebridade que se dá ao luxo de usar apenas um nome, como um cantor pop ou uma atriz, e que parece estar se escondendo no escritório maior, melhor equipado e com as janelas mais amplas do andar? Ou ele é UM GRANDE PISTOLEIRO ou um gatilhozinho mixuruca, mas de qualquer maneira, você deve reconhecer que pistoleiros de todos os tipos são sempre perigosos.

Se ele for UM GRANDE PISTOLEIRO contratado pela empresa, isto significa que esse fulano que entrou no escritório quietinho mas agora está berrando ordens a torto e a direito pode ser elevado à posição de seu chefe permanente muito em breve. Mas por que ninguém nos escalões superiores se deu ao trabalho de comunicar este fato a você e a ninguém mais no departamento? Pois não é uma coisa absolutamente importante para sua vida corporativa? A resposta é simples: a administração superior, por uma razão ou outra, tem necessidade de manter a notícia dentro de uma caixa bem tampada, ao menos por algum tempo mais e essa razão é simplesmente a existência de alguma tecnicalidade insuperável. O GRANDE PISTOLEIRO pode ainda se encontrar oficialmente empregado em qualquer outro departamento ou escalão superior da firma. Ou mesmo pode se achar sob contrato em uma companhia diferente. Tecnicamente, mesmo que esteja em férias ou de licença, ele não pode estar trabalhando para nenhuma firma que seja concorrente da antiga até que expire seu contrato de trabalho anterior. Assim, pelo presente, ele é apenas um voluntário escondido quase no nível do solo, abaixo do alcance das emissões do radar. Esta é a razão da bizarra aura de sigilo envolvendo a chegada de alguém que obviamente é muito importante.

Mas se ele é apenas um gatilhozinho mixuruca contratado pela empresa para realizar uma tarefa específica, isto significa que ele é um consultor — um empregado temporário que foi trazido a bordo da organização para resolver uma determinada situação. O problema pode ser somente uma pequena dificuldade de engenharia administrativa a ser localizada e resolvida ou um colapso geral do sistema, tal como uma desapontadora série de trimestres fiscais em seu departamento ou mesmo em toda a empresa, um evento tal que

» *possa necessitar de uma reformulação gerencial da organização inteira. (Veja o problema Número 22: Um Consultor Bate à Porta. Não obstante, quer você esteja lidando com UM GRANDE PISTOLEIRO ou com um gatilhozinho mixuruca, a coisa inteligente a fazer é atender às suas demandas, por mais incômodas que possam ser, e aprender a se dar bem com ele, ou seja, obedecer o tempo todo. É bastante possível que sua felicidade futura (ou pelo menos seu emprego) dependam disso.*

Problema Número 52: Você e o pistoleiro começaram mal.

O trabalho estava meio paradão, de fato funcionando a passo de tartaruga. Chateada, você entra no *chat-room* de uma novela e fica conversando pelo computador da firma com outras participantes a respeito dos destinos do João e da Maria e dos demais personagens. Antes que saia da página, sua melhor amiga lhe telefona para lhe pedir um conselho qualquer, tipo se ela deve se livrar de seu atual namorado ciumento. *"Sim, sim, sim"*, você a aconselha pela quadragésima vez. Então ela começa a lhe contar que ficou com outro cara na outra noite. *"Ora, vamos, larga esse teu namorado chato de uma vez!"*, diz-lhe você, sua voz cheia de aborrecimento. Nesse mesmo instante, a sombra alta como uma torre de um desconhecido ocupa a porta de seu escritório ou a portinha de seu cubículo e eis a silhueta do GRANDE PISTOLEIRO. *"Você pode me emprestar uma folha de Post-It autoadesivo?"*, ele indaga, com um sorriso malevolente baixando sobre sua escrivaninha desde o alto de sua autoconfiança. Você bate o telefone (sim, é na linha analógica convencional da firma!) no ouvido de sua amiga e começa a remexer pela confusão das suas gavetas, deixando tudo ainda mais misturado, em busca de um bloquinho de *Post-It* que nem sabe bem se está por ali. Nesse momento o GRANDE PISTOLEIRO olha para a tela do computador da companhia cheio de retratinhos do tamanho de selos postais de suas correspondentes no *chat-room* virtual e comentários sobre seus dois personagens favoritos da novela. *"É bom saber que você está trabalhando em coisas importantes"*, ele diz e sai caminhando sem o bloquinho, sacudindo a cabeça de puro desgosto.

Solução Número 52: Tire o dedão do pé de dentro da boca...

Considere como um axioma da Lei de Murphy que, no primeiro dia em que seu querido chefe temporário finalmente se decide a ter uma conversa séria com você, ele a pega fazendo alguma coisa que não deve. Ainda que seja verdadeiro o ditado que afirma que "você nunca tem uma segunda chance de causar uma primeira impressão", todos os dias lhe apresentam uma nova

> oportunidade de apagar uma impressão negativa. Assim que surgir, agarre-a com as duas mãos. Por que motivo um começo em falso deverá marcar negativamente todo o seu relacionamento futuro com o chefe temporário? *"Eu só estava fazendo uma pequena pausa antes de retornar aos relatórios de vendas e aí a Fulana me telefonou sobre a novela"*, você pode dizer, com um sorrisinho encabulado. *"E a qualquer hora em que o senhor queira conversar comigo a respeito deles, já estão prontos e o senhor sabe onde me encontrar..."*

COMO IMPRESSIONAR UM CHEFE TEMPORÁRIO

- **AJA COM DEFERÊNCIA.** Presuma que ele é uma pessoa importante na empresa desde o primeiro dia em que o encontrar. Isso vai lhe dar uma pernada de vantagem sobre seus companheiros de escritório que o ficarão encarando com desconfiança ou indiferença até que uma autoridade de escalão superior lhe dê sua bênção oficial (para só depois começarem a puxar o saco dele);

- **SEJA SEU SHERPA.**[13] Ele parece estar perdido? Prepare para ele um mapa do andar em que se localiza o escritório. Ofereça-se para apresentá-lo aos colegas. Você quer realmente ganhar pontos com ele? Mostre o lugar secreto em que o pessoal do escritório costuma esconder papel ofício, canetas e outros materiais das invasões dos colegas de outros departamentos;

- **DESCUBRA UM LAÇO COMUM.** Ele colocou um quadro diferente na parede de seu escritório? Não perca tempo em comentar e pedir-lhe que fale a respeito. Por acaso ele tem uma fotografia de um time de beisebol (ou futebol) em sua escrivaninha? Mencione de saída que você também torce para esse time, embora não entenda muita coisa a respeito do jogo (por via das dúvidas) e assim já sai marcando um gol de placa;

- **RECORDE QUE CONHECIMENTO É PODER.** Permaneça sempre informado sobre as reuniões que já foram marcadas, as iniciativas mais recentes da

---

[13] Guia montanhês do Himalaia, em geral um morador do Nepal. (N. do T.)

empresa e quaisquer novos procedimentos que tenham sido implementados. Seja a pessoa com quem ele entra em contato para descobrir como as coisas realmente funcionam dentro da companhia;

- **MANTENHA-SE A PAR DA TECNOLOGIA DE PONTA.** Se seu chefe temporário tiver menos de trinta anos, isto não vai impressioná-lo muito. Mas se ele já for mais velho, talvez se sinta levemente tecnofóbico. Ensine-lhe como enviar pacotes via SEDEX a partir do computador de sua escrivaninha, conforme os procedimentos estabelecidos para expedição pela firma, e veja bem: você acabou de fazer um novo amigo, possivelmente bastante importante.

Problema Número 53: *Ele quer que lhe dê informações verdadeiras sobre o funcionamento da seção e o trabalho de seus colegas.*

Certa manhã, o chefe temporário lhe solicita: *"Você pode dar uma chegada até meu escritório?"*. Conduzindo-o até seu espaço "temporário" grande o bastante para abrigar um estábulo de mamute, ele fecha a porta sem fazer barulho e lhe pede que faça uma avaliação honesta de como o departamento está funcionando, pontos fracos e fortes e assim por diante. Você adoraria poder dizer-lhe que funciona como "uma máquina bem lubrificada" — mas isso seria difícil dizer com sinceridade. Em vez disso, você resmunga qualquer coisa vagamente positiva, mas ele insiste por mais detalhes. O que ele realmente quer saber são suas impressões reais sobre seu chefe anterior e sobre seus colegas.

Solução Número 53: *Siga pela estrada real.*

O chefe temporário foi contratado para fazer um diagnóstico da empresa. Como já formou uma opinião favorável sobre você, pode parecer particularmente interessado em sua opinião sobre certos indivíduos. Porém, mesmo que você não goste de certas pessoas mencionadas por ele, a tática correta é agir com prudência. Não faça um discurso elogioso e claramente falso negando a incompetência de alguém, mas tampouco cubra esse indivíduo de lama desnecessariamente.

Se você precisa expressamente falar mal de alguém, faça-o por meio de elogios contidos. Em vez de chamar alguém de "medíocre", diga que ele ou ela "se comporta solidamente". Se você acha que alguém tem prazer em demonstrações de raiva, elabore a frase, por exemplo, dizendo "que ele certamente mantém os subordinados em constante sobressalto para não se descuidarem de seus deveres". Se alguém parece estar constantemente atrapalhada, descreva-a como "ela ainda não se acostumou com as rotinas do escritório" (desde que ele possa comprovar que é uma novata). Naturalmente, se você acha que alguém é simplesmente um ótimo funcionário, use a oportunidade para descrevê-lo ou descrevê-la assim. Embora isto possa parecer contraproducente, a única

» coisa com que você *não deveria se preocupar* é aquilo que os demais possam estar dizendo a *respeito de você mesma*.

Bem ao contrário, apenas se concentre em causar uma boa impressão no chefe temporário. Quando você consegue falar com delicadeza a respeito de seus colegas de escritório e superiores, acabará por causar uma impressão mais forte sobre si mesma. No caso de um novo chefe, é isto que realmente importa.

Simplesmente Estatísticas

O Dilema do Prisioneiro[14] é um aspecto da Teoria dos Jogos que ensina como uma aliança influencia os resultados. Uma vez que os prisioneiros não podem se aliar, eles acabam encontrando um resultado que é pior para cada pessoa individualmente. Caso você tenha plena certeza de que o GRANDE PISTOLEIRO está realizando reuniões individuais com cada membro do departamento, pode ser uma boa política formar alianças com seus amigos ou camaradas para combinar o que todos vocês querem lhe dizer. Contudo, se por precaução ele proibiu que os funcionários saíssem pelos corredores sob qualquer pretexto ou se comunicassem de outra maneira (tornando assim impossível a formação de alianças), lembre-se de, quando chegar sua vez, ser generoso em elogios e breve em suas críticas.

---

[14] O jogo foi concebido por Merrill Floyd e Melvin Dresher em 1950, quando trabalhavam para a corporação RAND, e formalizado nos anos noventa por Albert W. Tucker, que criou o nome atual. Dois ladrões são aprisionados sob suspeita de roubo, mas a polícia não tem provas e os detém sob uma acusação menor, que resulta em um ano de prisão. Os interrogadores oferecem um "*deal*" aos dois, em salas separadas, para saírem livres denunciando o colega. Se A e B traem, ambos servem dois anos; se A trai B, A sai livre e B cumpre três anos e vice-versa: se ambos recusam o trato, cada um servirá apenas um ano pela acusação menor. Racionalmente, deveriam denunciar, mas estatisticamente ambos traem e ficam presos dois anos cada um; o melhor seria calar a boca, mas não confiam um no outro. O jogo indica que os seres humanos têm uma tendência inata a desconfiar uns dos outros e raramente cooperam entre si. (N. do T.)

Problema Número 54: Ninguém consegue imaginar quais são os cálculos e conclusões a que ele chegou.

O Cientista Louco Independente é outro tipo de chefe temporário perfeitamente capaz de fazer os leigos em seu campo de especialização se jogarem no chão chorando pela mãezinha. Ele é um engenheiro brilhante cuja intenção é fazer com que até mesmo os administradores de nível médio de sua empresa passem por um processo criativo também conhecido como "inferno". Ele não tem o menor interesse em ensinar àqueles que não possuem formação técnica em sua área particular os detalhes mais acurados sobre aquilo em que está trabalhando. Desta forma, não há a menor possibilidade para qualquer executivo de nível superior ao dele realmente coordenar o fluxo de seu trabalho e é justamente isto que ele pretende. Se por acaso ele estoura os prazos, ninguém sabe como o responsabilizar.

Solução Número 54: Contrate um técnico em sua área.

Caso o Cientista Louco esteja teoricamente sob sua direção, não desperdice seu dinheiro precioso com profissionais da área de saúde mental ou os assim chamados especialistas em gerenciamento. Tampouco eles terão o menor sucesso em manejar o Cientista Louco. Ele vai expulsá-los de seu laboratório metafórico e não entenderá por que eles o estão bombardeando com tantas perguntas irrespondíveis, tais como "O que?" ou "Quando?" Em vez disso, presumindo-se que você ocupe uma posição relativamente importante dentro da empresa que lhe dê essa liberdade de movimento, contrate um técnico que *não seja genial* para trabalhar sob as ordens do Cientista Louco. O técnico será capaz de entender os métodos do Cientista Louco o suficiente para traduzi-los em uma linguagem inteligível para os leigos ou civis. Filtre todas as preocupações administrativas e determinação de prazos por intermédio do técnico. O técnico precisará se disponibilizar aos "chefões" que o contrataram a fim de responder às suas perguntas sobre detalhes importantes, tais como probabilidade, responsabilidade e lucratividade.

Problema Número 55: Ele se encontra em uma linha espaço-temporal completamente diferente.

Os GRANDES PISTOLEIROS recebem altíssimos salários para realizar suas mágicas como consultores. Eles podem ganhar milhares de dólares por semana ou até mesmo por dia. Isto algumas vezes conduz a problemas com prazos que se acham no polo oposto aos estipulados pelo Cientista Louco (Veja o problema Número 54: *Ninguém Consegue Imaginar Quais São os Cálculos e Conclusões a que Ele Chegou*, na página anterior). Neste cenário, o GRANDE PISTOLEIRO é forçado a acelerar os prazos. Ele precisa ter tudo pronto para ontem, porque ele sabe que seu contrato independente vai expirar dentro de poucos meses. Assim, para manter sua reputação, ele precisa mostrar resultados — de maneira superveloz.

Solução Número 55: Fique sentado até que ele desapareça.

Em geral, há alguns dias inseridos como tampão nos prazos internos (caso surjam erros que necessitem de longas revisões capazes de consumir muito tempo). Deste modo, você pode ser capaz de espremer alguns dias do prazo. Por outro lado, *não é seu trabalho* defender os prazos. Se agir assim, provavelmente irá provocar um acesso de fúria no pistoleiro contratado, que já se encontra sob uma pressão irreal para apresentar resultados em velocidade de nave espacial cruzando fendas no contínuo espaço-tempo. Reconheça que este problema é *dele* e não busque sarna para se coçar tratando-o como se fosse *seu próprio problema*. Ele quer ver os materiais prontos amanhã? Ele pretende que a equipe inteira trabalhe durante o fim de semana para apressar o processo? Ele insiste em convocar uma porção de reuniões internas às seis da tarde ou até mesmo na sexta-feira à noite? Externamente, demonstre sua simpatia, mas conserve em mente que as mesmas barreiras para a rápida completação do projeto ainda permanecerão, não importa se você ficar estalando os dedos no lugar dele. Este combate não é seu. Sente na fileira de trás e deixe outros se desgastarem enquanto durar a luta.

A REGRA DE OURO: Pode até parecer que a direção superior ignora seu pistoleiro contratado, mas nunca siga este exemplo até que tenha plena certeza de qual seja a verdadeira posição do GRANDE PISTOLEIRO (ou do gatilhozinho mixuruca) dentro da empresa. Trate-o sempre com deferência, pois é altamente provável que este empregado temporário se transforme em breve no chefe permanente a quem você terá de prestar contas.

capítulo 12

O bruxo malabarista

Nós combinávamos de apresentar juntos os projetos. Ele faria o papel de machão dominante. Eu tinha de apresentar a parte técnica e responder às perguntas difíceis. Era eu que conhecia os números e as estatísticas. Chegávamos à reunião, após os apertos de mão iniciais, ele começava a mentir descaradamente... sobre as áreas de nossa especialidade ou disponibilidades... sobre as formas como poderíamos ajudar a companhia que esperávamos transformar em cliente. O pior é que ele sempre conseguia vender-lhes os projetos com base nesses conceitos falsos.

Ele tem a alma de um vendedor de carros usados. Ele é capaz de dizer qualquer coisa para fechar um negócio, prometendo todo tipo de recursos que você sabe perfeitamente que sua empresa simplesmente não possui. Ele considera lançar iscas e chamarizes ou apresentar propostas absolutamente falsas como sendo ferramentas legítimas de sua profissão e não sente o menor remorso por estar enganando os clientes. Mas como é dotado de todos os recursos da conversa macia de um vendedor desonesto, ele se torna irresistível.

Você experimenta diariamente um pavor secreto de que, certo dia, um cliente furioso ou o executivo de uma companhia iludida se apresentará para expor seu chefe como sendo o impostor que ele de fato é. E quando finalmente chegar o dia do juízo final, você calcula que será considerada como sendo igualmente responsável. Mas cada vez que você aborda seu chefe para comentar sua tendência a enfeitar a verdade, ele a encara surpreendido, como se fosse *você que estivesse profundamente errada*.

No santo dos santos de seu coração, ele acredita que contar mentiras ultrajantes faz parte dos custos adicionais de fechar negócios. Para falar a verdade, ele fica secretamente feliz ao conseguir passar os outros para trás. Como esses sujeitos costumam dizer: *"Ah, isso faz parte da conquista do território..."*.

Problema Número 56: Ele vai inventando enquanto fala.

Um cliente em potencial indaga sobre a rede global de sua companhia. No momento em que você vai explicar que a rede é 100% nacional, seu chefe menciona a existência de qualquer filial no estrangeiro da qual você nunca ouviu falar antes. De acordo com ele, seu escritório e esse outro perfeitamente imaginário trabalham juntos "o tempo todo".

Será que um cliente irá se dispor a assinar na linha pontilhada somente com base nas promessas de seu chefe e em suas garantias de que supervisionará os negócios pessoalmente? Ele jura por todos os santos que será um cão de guarda devotado e fiel, mas antes que a tinta na assinatura do contrato tenha secado, ele já delegou a tarefa para seu segundo escalão de subordinados na firma e esqueceu completamente o assunto. Por acaso os números da pesquisa argumentam eloquentemente contra a realização do negócio? Seu chefe não sente o menor escrúpulo em manufaturar um segundo conjunto de números completamente diferentes. Você não sabe se deve tratá-lo por Pinóquio ou chamá-lo de Mago Merlin.

Solução Número 56: Recue depressa, mas com elegância.

Em geral o bruxo malabarista, que assume a vanguarda amigável e carismaticamente, a deixa seguir na posição incômoda de ter de manter suas promessas para os clientes. Você precisa elaborar uma cuidadosa estratégia sobre como revelar a verdade despida de enfeites para seu cliente; e só há uma forma de fazer isso: uma parte de cada vez. Ocasionalmente, você precisará inventar sua própria potoca para contrabalançar as dele, fingindo que você acabou de receber algumas notícias inteiramente diferentes da história contada inicialmente pelo bruxo malabarista, seu chefe (já que não pode desmenti-lo diretamente). Sempre é possível culpar obscuras forças externas, tais como um tumulto na economia, e isto pode diminuir a força do golpe, especialmente se você conseguir sempre conversar com o cliente usando a máxima delicadeza e cortesia. Demonstre o máximo de simpatia quando seu telefone soar com a voz furiosa de seu cliente e lamente profundamente que as coisas não tenham caminhado conforme se esperava.

Problema Número 57: Seu cliente lembra das negociações de forma diferente dessa que você acaba de mencionar.

Seu chefe é dotado de tanto carisma, que os clientes em potencial repetem para você as promessas que ele lhes fez palavra por palavra: *"Mas que história é essa de me dar sua taxa de descontos padrão"*, poderá desafiar um cliente aborrecido, *"quando seu chefe nos prometeu um desconto de 40%? Você estava presente quando ele falou isso. Não consegue se lembrar?"* Você se apressa a garantir ao cliente zangado que irá investigar o "erro" e prontamente vai falar com seu chefe para discutir uma estratégia. *"Ora, resolva você mesma"*, diz seu chefe, piscando o olho. *"Você sabe como se faz..."*

Solução Número 57: Garota, você vai ter de dar muitas explicações!

A maioria dos clientes se ressente ao perceber que foram tratados como otários. Caso você esteja na difícil posição de trabalhar para um chefe que, de forma geral, mente para os clientes, poderá descobrir em breve que sua companhia está sofrendo pela transmissão de comentários verbais negativos e, pior ainda, porque seus clientes, depois de descobrirem que foram enganados, se recusam a fazer novos negócios com sua firma. Procure soluções inovadoras para resolver o problema imediato e restaurar a confiança de seu cliente — pelo menos em você. Caso a taxa de desconto prometida por seu chefe acabe por cortar a maior parte de suas comissões no fim do mês, não somente deste, mas de outros negócios que gerenciou, encontre outras formas de encher o espaço vazio. Por exemplo, você pode amaciar seu cliente com a garantia de manutenção ou assessoria técnica gratuita durante alguns meses ou pode lhe oferecer serviços adicionais à compra original com grandes descontos e desta vez garantir que tudo transcorra dessa forma. Em primeiro lugar, o que se deve fazer é neutralizar a ira do cliente escutando suas queixas com paciência e providenciando todas as soluções possíveis. A seguir, trabalhe para reparar o relacionamento. Sempre recorde que o caminho mais rápido para o coração de um cliente pode atravessar uma quadra de golfe.

Simplesmente Estatísticas

De acordo com *The Columbia Guide to Standard American English* [Guia da Universidade de Colúmbia para o emprego do Inglês Norte-americano Padrão], o termo *efeito* derivou originalmente de um jogo com bolas como bocha ou bilhar. "A fim de obter uma vantagem, o jogador joga a bola com efeito para que ela reaja de forma diferente de uma bola lançada normalmente sem esse artifício, de tal modo a enganar, persuadir ou simplesmente superar a jogada menos hábil do adversário." (9) O bruxo malabarista sabe como lançar todas as bolas com efeito.

Problema Número 58: Seu chefe o coloca para trabalhar em um projeto desconhecido que talvez nem exista.

Uma de suas negociações atinge um enorme buraco na estrada. Um de seus pneumáticos rebenta, a barra da direção tem de ser desentortada e o negócio empaca de forma permanente. Mas seu chefe continua falando a respeito dele como se o negócio ainda estivesse em andamento. Completamente confuso, você lhe explica que, segundo entendeu, o negócio fracassou semanas atrás. Seu chefe o encara como se tivesse certeza de que você perdeu a cabeça. Ou isso, ou você recentemente se submeteu a uma lobotomia, coitadinho! *"Continue trabalhando nesse projeto até que **eu mesmo** lhe dê ordem para parar"*, ele ordena majestosamente.

Solução Número 58: Peça o apoio de seu grupo.

Os Bruxos Malabaristas são eternos otimistas — até o absurdo. Eles moram no interior de uma bolha de fantasia que flutua em nada mais que o bafo de sua própria respiração. Contudo, ainda que uma ebulição natural possa, algumas vezes, explicar a ocasional prepotência do bruxo malabarista, seu chefe, e sua teimosia em conservar um projeto que está claramente moribundo, podem existir outros motivos pelos quais ele pode deliberadamente fabricar razões para a possibilidade de completar um projeto.

A época em que a firma distribui bônus se aproxima? O contrato dele está em período de renovação? A empresa está planejando cortes de orçamento para um futuro próximo? Em quaisquer destas e em outras possíveis eventualidades, seu chefe pode achar que existe uma razão perfeitamente válida para adiar as más notícias por tanto tempo quanto for possível. Antes de deixar as coisas bem claras, considere se sua ação irá ajudar ou prejudicar sua própria carreira na firma. Caso suspeite que falar a verdade poderá ser desfavorável à sua reputação, o melhor é seguir a orientação de seu chefe a curto prazo e simplesmente executar as suas instruções passivamente. Sempre existe uma mínima esperança de que o trabalho continuado em um projeto falecido possa ressuscitá-lo. (*Ora, você acredita em reencarnação, não acredita? Ah, não? Mas que coisa!...*)

» Contudo, se o trabalho nesse projeto fictício está gastando uma porção importante do tempo de que você dispõe para atender projetos reais, peça a alguns colegas de confiança em seu departamento que o ajudem no desenvolvimento do projeto fantasioso. Se agir deste modo, provavelmente surgirão desconfianças e eles começarão a indagar quais sejam as motivações verdadeiras de seu chefe. Será mais difícil para ele conservar uma equipe inteira de pessoas trabalhando em um projeto inexistente do que obrigá-lo a fazer isso sozinho.

Problema Número 59: Seu chefe prometeu a lua e as estrelas ao cliente (além da cooperação de todo o escritório da matriz).

Seu chefe conseguiu completar o negócio fazendo promessas impossíveis (surpresa, surpresa!). Mas desta vez, ele de fato teve a ousadia de sugerir que a equipe do escritório central processaria o pedido em menos de uma semana! (O escritório da matriz de sua companhia é tão lento, que faz as repartições públicas parecerem trabalhar rápido.) Pior ainda, seu chefe pareceu estar recitando poesia enquanto gabava a velocidade do escritório da matriz para um dos maiores clientes de sua companhia na região sudeste do país. Então você decide ir visitar o escritório central para verificar a situação de processamento do pedido, e a crise se aprofunda ainda mais. Não só está encalhado, como processaram tudo errado. Você teme precisar de pelo menos duas semanas para resolver as confusões, o que dirá para completar o processamento do pedido que deveria ter sido atendido tão rapidamente!...

Solução Número 59: Avise ao cliente que haverá um atraso antes que ele reclame!

A cantora Aretha Franklin tinha a ideia correta quando descreveu a importância do respeito em uma canção famosa. A maioria dos clientes está mais disposta a perdoar um problema ou um erro quando é tratada com o devido respeito. Informe a seu cliente que, quando você foi ao escritório central conferir o pedido, descobriu que o pessoal de lá havia cometido uma série de enganos e que você se encarregaria pessoalmente de corrigir cada um dos erros, mas precisaria de algum tempo para isso. Adoce a notícia oferecendo alguma pequena vantagem além dos termos do contrato, e a conversação se tornará menos dolorosa (se não para você mesmo, pelo menos para o cliente). Por exemplo, você pode oferecer para suspender as taxas de manutenção durante dois meses como resultado desta inconveniência.

DICA

EXPRESSA

Depois de evitar a crise principal, também é conveniente fazer um pequeno passeio pelo seu escritório e perguntar a alguns de seus colegas qual a sua experiência anterior com o escritório central. Se descobrir que existe um padrão de negligência decorrente, por que não pesquisar algum programa de treinamento ou cursos de aperfeiçoamento que possam ajudar a equipe do escritório central a eliminar alguns de seus enredos habituais e sugerir ao chefe deles que os adote? Seja proativo e poderá acabar resolvendo dois problemas de uma só vez. O escritório central começará a funcionar melhor e *seu chefe* perceberá que você é um tipo adequado para resolver questões administrativas. Se você conseguir descolar uma promoção depois de evitar um fiasco iminente, como consequência imediata você também poderá escapar das garras de seu chefe e das suas artimanhas de bruxo malabarista.

MANTRA CORPORATIVO

"Aquilo em que eu me tornei é um produto daquilo que eu vi." Estas palavras foram escritas por um prolífico autor chamado *Anônimo*. Elas ilustram um excelente ponto de vista. Maus hábitos são contagiosos. Se você está trabalhando intimamente e prestando contas a um indivíduo de caráter duvidoso, terá de descobrir um jeito de escapar dele, *antes que se torne igual a ele*. (Veja os dois boxes sobre como trabalhar com a rede eletrônica no fim deste capítulo)

Problema Número 60: Você se tornou dependente do bruxo malabarista, seu chefe, e é obrigado a seguir a sua orientação.

Suas pequenas vigarices desnecessárias fazem com que você se encolha por dentro, mas está constrangido a trabalhar e prestar contas a este chefe. Afinal, você depende das anotações que ele insere em sua pasta funcional. Se você não colaborar com suas falcatruas, não terá outra escolha, senão fazer chamadas telefônicas indesejadas para conseguir novos clientes em perspectiva; e a resposta automática, tipo *"Por favor, deixe sua mensagem após escutar o sinal eletrônico"* o deixará engolindo em seco e com o estômago se contraindo.

Solução Número 60: Domine a arte de trabalhar com a internet.

"Trabalhar com a rede" é uma expressão deselegante. Quando você escuta essas palavras imagina tudo, menos levar clientes a jantares em restaurantes de luxo por conta da firma. Do ponto de vista sintático, "trabalho em rede" (*Networking*) parece envolver trabalho manual trançando laboriosamente fios de sisal para fazer cordas e depois interligá-las em pequenos quadrados por meio de nós. Contudo, se agir corretamente, esse tipo de trabalho pode ajudá-lo a atrair novos colaboradores talentosos para sua equipe, obter os novos negócios ambicionados pela firma ou vender quantidade de bagulhos a torto e a direito. Se você for capaz de fazer tudo isso sozinho, sem dúvida os resultados poderão servir para resgatá-lo de um chefe totalmente desprovido de ética.

Comece sua campanha na rede obtendo uma lista adequada de endereços. Por sorte, você não precisa de credenciais dignas de um tapete vermelho para esse tipo de comercialização a distância. Tudo o que precisa é de um computador portátil (*laptop*) e experiência comercial em nível de um tapete baratinho feito em série. Inscreva-se nas próximas feiras comerciais e conferências sobre questões industriais. Torne-se membro de uma associação

»

comercial (ou de várias). Comece a se relacionar com outras pessoas bem-sucedidas sempre que possível (é a melhor maneira do mundo para conseguir novas dicas). Acredite em atirar verde para colher maduro e mantenha os braços abertos para agarrar a oportunidade pelos cabelos no momento em que ela passar correndo.

Assim que você tiver passado um agradável fim de tarde proseando como um possível cliente em qualquer local adequado da rede, será a coisa mais fácil do mundo pedir a ele ou a ela um encontro face a face. Cultive suas próprias pistas e contatos e deixará de ser dependente de seu vigarista local — ôpa, seu chefe! — e ser forçado a receber passivamente suas instruções.

PALAVRAS QUEBRA-GELO DURANTE AS MANOBRAS NA REDE VIRTUAL

Muitos novatos na área de negociações pela rede digital ficam completamente atados com as palavras que devem empregar, porque têm pressuposições erradas sobre aquilo que devem fazer ao executar esse tipo de função. A questão aqui não é falar de maneira fascinante, carismática, divertida ou mesmo um pouco interessante (bem, esta última não faz mal). Sua única obrigação real é conseguir fazer contato.

Caso você não caia no erro de considerar que o telemarketing é um tipo de namoro com algum cliente em perspectiva, você pode começar a conversar com qualquer pessoa disponível sobre os tópicos mais comuns e simplesmente ver qual sentido a conversa toma. Abaixo seguem algumas palavras-chave ou frases de efeito para prolongar uma conversa da forma adequada, primeiro via computador, depois em festas, conferências e assim por diante.

- *Você prefere tomar vinho ou cerveja?*
- *Você assistiu (tal e tal programa) na televisão ontem à noite? Como foi que acabou? (Eu não consegui assistir até o fim.)*
- *Você costuma sair à tardinha com alguns colegas de escritório para espairecer?*

- *Você já experimentou os mini-hambúrgueres? Que tal achou?*
- *Você conhece alguém mais neste site além do apresentador?*
- *Você já conhecia alguém mais nesta festa, além do anfitrião?*
- *Como foi que você conheceu Fulano ou Sicrano?*
- *A quantas reuniões convocadas digitalmente você compareceu em dezembro? Sentiu prazer em participar de algumas delas?*
- *Está gelado aqui dentro ou só eu que estou com frio?*
- *O que você achou do conferencista, orador, apresentador etc.?*
- *Seu rosto me parece familiar. Por acaso esteve em alguma reunião do círculo de pais e mestres no colégio tal e tal?*

COMO SE TORNAR UM ÍMÃ PARA CLIENTES EM PERSPECTIVA

Não fique correndo atrás de seus clientes. Ao contrário, manobre de forma que eles corram atrás de você. É até fácil, a partir do ponto em que você dominar a alquimia divina do magnetismo para a atração de clientes. Forneça a todos os clientes em perspectiva e a todos os novos contatos comerciais em potencial amostras de um produto ou serviço que já descobriu ser realmente necessário para eles e espere que o procurem para solicitar mais algumas amostras grátis ou escutar suas novas ideias. (É muito mais elegante do que encher suas secretárias eletrônicas com súplicas por um encontro comercial.) Seguem três ideias que lhe poderão ser úteis:

1. **DÊ SUGESTÕES A SEUS FUTUROS CLIENTES SOBRE COMO INCREMENTAR SEUS PRÓPRIOS NEGÓCIOS.** Se os seus clientes em perspectiva gostarem do que você lhes disse, voltarão para novas conversas e então chegará o momento de vender seus produtos ou serviços;

2. **TORNE-SE UM ESPECIALISTA CONHECIDO EM SUA ÁREA.** Faça com que os clientes em potencial o abordem em busca de seu conhecimento especializado em vez de procurá-los insistentemente para lhes vender alguma coisa;

3. **PENSE EM TERMOS DE REPETIÇÃO DE NEGÓCIOS.** Você pode oferecer um seminário em três fins de semana a seus clientes em perspectiva? (Isto fará com que o visitem três vezes.) Você pode ajudá-los a criar um plano de ampliação de seus negócios baseado em ofertas adequadas a cada estação? (Aqui serão quatro visitas.)

Em resumo, o que você pode fazer por seus clientes? Pense em atividades que determinarão a necessidade de encontros múltiplos ao longo do ano. Esforce-se para ser altamente informativo e não altamente aborrecido.

A REGRA DE OURO: Os bruxos malabaristas embaralham os fatos em pleno ar a fim de seduzir clientes e fechar novos negócios o mais rápido possível. Contudo, ainda que o jogo de palavras possa algumas vezes tornar clientes em perspectiva totalmente tontos pela expectativa de lucros a curto prazo, um excesso de fantasia pode acabar com um negócio assim que o cliente (inevitavelmente) descobrir que está sendo iludido. De imediato, você precisará refinar sua própria algaravia de malabarismo enquanto busca novas soluções a fim de pacificar os clientes enfurecidos pelas promessas falsas de seu chefe. Caso esteja trabalhando para um bruxo malabarista, trate de empregar a rede digital para abrir caminho e se livrar dele antes que seja tarde demais.

capítulo 13
O narcisista insaciável

Eu tenho três filhos biológicos e ainda fui forçada a adotar a criança mais insistente de todas — minha chefe.

Ela não dá a mínima para os passatempos ou maridos de suas funcionárias. Dentro de sua cabeça, empregados só existem quando estão no escritório atendendo às necessidades *dela*. Todos que trabalham às suas ordens não passam de reflexos *dela* — de seus sonhos e aspirações, seus triunfos, seus fracassos. Tudo gira em torno, dela, *dela*, DELA!

Mas chega de falar dela. Vamos falar um pouco sobre você.

Você está tendo um dia ruim? Melhor esconder bem isso dela, caso contrário, *ela* vai se sentir mal, mas é claro que não vai ser por simpatia a você. Você precisa sair mais cedo do escritório por qualquer motivo? Arranje alguém que se disponha a cumprir as suas eventuais funções, porque é certo que ela irá resolver que precisa de você justamente nesse fim de tarde e mesmo até noite adentro.

Incidentalmente, a narcisista não é igual à grande irmã. Ela não fica pegando no seu pé o tempo todo, mas não lhe dará mais consideração simplesmente porque a encontra trabalhando no escritório o expediente inteiro. Não, a narcisista insaciável somente precisa de você quando *ela precisa de você*. Mas sempre que surgir um destes momentos mágicos, é melhor que você esteja presente para atendê-la, porque as *necessidades dela* podem ser muito intensas.

Problema Número 61: Ela quer que você seja a "sim senhora" dela.

Sua chefe não dá a mínima que você seja homem ou mulher, contanto que obedeça a todas as suas pequenas exigências no escritório e diga "Sim, senhora" bem alto, com frequência e tão obsequiosamente quanto possível. Afinal de contas, ela é ou não é a sua *patroa*? (Ah, sim, a resposta correta é "Sim, senhora!")

Solução Número 61: "Manus manum lavat" (uma mão lava a outra).

Sêneca, o filósofo, dramaturgo e político romano, cunhou a frase "*Manus Manum Lavat*", para explicar como os políticos encaram favores. Literalmente, "uma mão lava a outra" ou a expressão corrente mais cínica: "Coce minhas costas que eu coço as suas". Sua chefe espera que você diga "Sim, senhora" bem alto para todas as suas ideias (não importa quão bobas sejam). Em troca de seu puxa-saquismo sicofântico e hipócrita, ela lhe fará o favor de dizer "sim" para algumas de suas ideias — particularmente quando o poço de ideias *dela* acabou de secar.

Está preocupada com a possibilidade de que esta "lambida de botas" constante vá prejudicar a sua integridade? *"Sim, senhora!"* Você tem toda a razão em se preocupar. Suas constantes curvaturas poderão resultar em vantagens excelentes no trato com sua chefe, mas seus colegas de escritório em breve a estarão chamando de "puxa-saco" pelas costas, para não dizer coisa pior. O lado bom dessa situação é que aqueles que se atrevem a desafiar as ideias de sua chefe não vão permanecer na firma por muito mais tempo. Logo serão substituídos por outras pessoas que em breve estarão *também* chamando você de "puxa-saco" pelas costas.

MANTRA CORPORATIVO

 "Não Confunda Negócios com Prazer." Qualquer sinal de que você tem uma vida particular ou mesmo de que se sente feliz ao executar as suas funções para com ela poderá ser interpretado por sua chefe como uma diminuição da atenção e concentração totais que você deve *a ela*. Deste modo, desligue seu celular, agenda eletrônica, bipe, *iPod* ou qualquer outro objeto remotamente pessoal e os mantenha fora da vista dela. Você não tem vida pessoal longe dela.

Problema Número 62: Ela pensa que você deve ser uma miniatura dela.

Ainda que sua chefe seja uma das pessoas mais centradas em si mesmas que habitam este planeta, ela gosta de pensar em si mesma como sendo sua mentora. Ela responde muito bem às pessoas que macaqueiam seu jeito de vestir ou maquiar, adotam os seus maneirismos e começam a copiar as palavras e expressões *dela*. Ela entende que está sendo admirada e que as pessoas querem copiar sua imagem. De fato, haverá ocasiões em que ela lhe fará sugestões para o melhoramento de sua aparência individual. Não chegará ao ponto de lhe dizer que tipo de roupas usar ou como pintar seus olhos — isso você deve copiar espontaneamente —, mas lhe dirá como melhorar sua imagem pública, como impostar a voz ou adotar o estilo gerencial *dela* — de tal modo que você cada vez fique mais parecida *com ela*. Aceitar algumas destas sugestões dependerá de seu controle. Mas outras "sugestões" serão repetidas constantemente até que você entenda que são determinações obrigatórias.

Solução Número 62: Siga algumas de suas sugestões e agradeça-lhe pelas outras com a possível sinceridade.

Sua chefe possui somente duas disposições de ânimo: você pode chamá-las de "modo *on*" e "modo *off*". Quando ela estiver em "modo *on*", seu próprio rio de autoestima está fluindo. Ela sente um desejo voluptuoso de ser abraçada e adorada, não importa o que ela diga em contrário. Ela está criticando a roupa com que você vem para o trabalho? Ela a está aconselhando a consultar uma fonoaudióloga para melhorar o impostamento de sua voz? Lamentando o fato de que deixou seu cabelo ficar comprido demais? O fato é que, honestamente, ela acredita que está lhe fazendo um favor. Ela está apaixonada por si mesma e presume que você lhe dedica igual paixão. *Ora, todo mundo me adora!*

Em vez de ficar ressentida por suas críticas injustificadas à sua aparência pessoal, engula o orgulho e agradeça pelo seu interesse. Comporte-se como

» se ela lhe estivesse dando as chaves de ouro para abrir o cofre de seu melhoramento pessoal e depois siga apenas as sugestões com que concorda (ou que ganha o suficiente para poder pôr em prática).

Incidentalmente, quando a Narcisista entra em "modo *off*", ela pode espiralar para baixo e recair em uma perigosa crise de autorrancor existencial. Tão aborrecida como ela possa ser enquanto lança um jato de conselhos sobre como você deveria se tornar mais parecida com ela, a criatura é ainda pior de lidar quando entra em uma fase de bater no peito em autodepreciação. Pode acontecer que ela tenha um acesso de choro, talvez se jogue no chão e fique dando soquinhos no tapete em um acesso de raiva, que nem criança malcriada. Querida, quando vir que uma coisa dessas está acontecendo, faça tudo quanto for possível para ficar fora do seu alcance!...

Problema Número 63: Ela precisa de constante atenção.

Será que os executivos superiores estão ignorando os numerosos *e-mails* que ela lhes manda? Ela se voltará para você a fim de satisfazer seu vício em afeto. Ela poderá até mesmo lhe confiar alguma coisa de caráter extremamente pessoal a fim de ganhar a sua simpatia. Poderá ser de natureza psicológica (porque ela se divorciou de seu marido, por exemplo). Ou ela pode quebrar a confiança de alguém mais (ela sabe em primeira mão, por ter escutado uma confidência, que o principal executivo da firma e uma alta funcionária do departamento financeiro estão de caso, traindo seus respectivos cônjuges). No primeiro momento, você até sente que ela realmente a respeita por lhe fazer tantas confidências. Mas em breve percebe que sua chefe somente a está usando quando não encontra outras pessoas mais importantes para lhe darem a devida atenção.

Solução Número 63: Adote uma atitude de perfeita e constante gratidão.

Como ela é extremamente vulnerável a acessos tremendos de queda em sua autoestima, sua chefe Narcisista algumas vezes se exporá a você muito mais do que outros tipos de chefes o fariam. Ela precisa ser constantemente acalmada com palmadinhas nas costas ou acariciada como uma cachorrinha infeliz e ao mesmo tempo é dotada de carisma suficiente para atrair o amor de que necessita para restaurar seu frágil senso de autoestima.

A esta altura, sua chefe já lhe fez tantas confissões e compartilhou tantos dos seus problemas pessoais com você, que até parece que ela pretende promovê-la à posição de uma psicóloga ou de uma psicanalista. Mas seja lá o que ela disser ou fizer, não coloque um espelho em frente da alma dela. Na verdade, ela não está em absoluto procurando quaisquer profundas revelações psicológicas sobre seu caráter ou motivações interiores (quer saber de um segredo: existem muito menos coisas lá dentro do que parecem à primeira vista). Tudo o que ela realmente quer são batidinhas superficiais em suas costas enquanto chora, além de sua deferência imorredoura.

> » Sua melhor estratégia é agradecer-lhe constantemente pela oportunidade de mantê-la no emprego e enchê-la de demonstrações de apreciação por quaisquer cacos de orientação com que ela se digne a presentear você. Frases que apelam a seu temperamento narcisista incluem: *"Mas esta é uma ótima ideia!"* ou *"Eu não poderia ter completado este projeto sem a sua orientação!"* ou ainda, *"Estou muito grata por me haver atribuído esta tarefa".*

O Mito de Narciso

Embora a lenda inicial seja mais antiga em sua forma mais simples, foi a versão ampliada do poeta romano Ovídio que se tornou mais conhecida, na qual ele descreve um jovem muito belo que desprezava os avanços amorosos de Eco e de outras lindas ninfas. Certo dia, uma dessas belas donzelas que se enamorara dele e fora descartada descuidadamente pelo vaidoso, fez uma prece aos deuses solicitando que Narciso pudesse experimentar por si mesmo as dores de um amor não correspondido. A ideia era fazer com que ele se apaixonasse por alguém que não o quisesse. Porém, a deusa Ártemis, ao demonstrar simpatia pelo pedido de sua adoradora (Ártemis ou Diana, a Caçadora, era a protetora das ninfas e dos bosques) atendeu-a, mas num novo patamar. Pouco tempo depois, exausto por uma longa caçada, Narciso se debruçou sobre a margem de um lago para beber e viu ali refletida a sua própria imagem. Prontamente se apaixonou pelo reflexo que o contemplava de volta desde as águas — seus próprios olhos brilhantes, cabelos cacheados e pele clara e lisa como marfim. Incapaz de se destacar da contemplação de sua imagem, Narciso esqueceu-se até mesmo de beber ou comer, gradualmente perdendo sua coloração, vigor e beleza. Sofrendo de amor pela maldição de apaixonar-se por si mesmo (que o reflexo não poderia jamais corresponder), Narciso eventualmente morreu e foi transformado na flor que leva seu nome.

Problema Número 64: Ela concebe visões grandiosas para o departamento.

Ano passado, suas projeções de vendas já foram irreais. Contudo, de uma forma ou outra, seu departamento conseguiu pular por cima das altas faixas verticais do histograma das projeções e com um último e longo salto final foi capaz de ultrapassá-las. Este ano, ela decidiu fazer projeções ainda mais irreais (e os dois super-heróis do departamento não suportaram mais o pique, embora os resultados em seus currículos excedessem as expectativas e ficassem tão bons, que ambos conseguiram facilmente empregos em outra firma). Como é que a sua chefe consegue projetar esses resultados de vendas futuras na altura da grande *"pizza"* no céu? Será que ela secretamente deseja que o departamento inteiro fracasse em cumprir seus objetivos para que, na conclusão do trimestre final do ano, possam todos comer humildes fatias de uma *pizza* menos exaltada na mão dela durante a Conferência de Revisão Final dos Resultados Anuais?

Solução Número 64: Nunca lhe diga "nunca".

Para uma pessoa tão absorta em si mesma, a narcisista insaciável, sua chefe, muitas vezes é surpreendentemente produtiva. Ela considera a si mesma como sendo uma heroína acima do padrão comum dos mortais neste drama que é a *sua vida*, no qual a companhia não passa de uma extensão glorificada de *si mesma*. Ela desenvolveu visões extremamente amplas para o futuro da organização. E o fato é que, ao menos de vez em quando, seus sonhos fantásticos *de fato* ajudarão a propelir seu departamento em direção à grandeza. Ela pode falar em termos de lucros e perdas, mas realmente existe algo muito mais importante em jogo: seu próprio senso frágil de autoestima. Tente aprender com ela como se faz para ampliar as próprias visões a fim de alcançar um sucesso ainda maior do que o dela.

Simplesmente Estatísticas

O tipo de personalidade dela é realmente doentio e até é classificado como *Distúrbio de Personalidade Narcisista*, um problema que afeta cerca de 1% da população. (Isto pode parecer uma pequena porcentagem, mas nos Estados Unidos corresponde a cerca de 360.000 pessoas e a mais ou menos 185.000 no Brasil.) Uma tendência a mentir constantemente é a queixa mais comum de terceiros a respeito dos narcisistas, que se apresentam sob o aspecto mais favorável a fim de serem melhor apreciados por qualquer pessoa que estejam pretendendo seduzir de uma forma ou de outra. De acordo com o *Diagnostic and Statistical Manual of Mental Disorders*, quarta edição (DSM-IV) [Manual Diagnóstico e Estatístico de Distúrbios Mentais], o *Distúrbio de Personalidade Narcisista* é caracterizado por "um padrão permanente de grandiosidade (em fantasia ou comportamento), necessidade constante de admiração e total falta de empatia". (10)

Problema Número 65: Ela se esforça para mostrar qual é seu lugar e conservá-la permanentemente dentro dele.

Quando você começou a trabalhar sob suas ordens, ela declarou que a colocaria "debaixo de suas asas", como reza o provérbio, com a intenção de orientá-la e protegê-la. Inicialmente, você ficou muito satisfeita que alguém colocada tão alto na "ordem de bicadas" da empresa de fato parecesse interessada em nutrir e favorecer seu desenvolvimento. Você pensou que poderia permanecer no ninho dela o tempo suficiente para acabar pondo pessoalmente um ovo de ouro. Mas gradualmente, à medida que ela lhe foi delegando mais responsabilidades, teve a nítida impressão de que, ao contrário, ela estava determinada a lhe cortar as asas. Ela parecia não mais dar valor às suas contribuições e passou a dizer "não" para cada uma de suas sugestões. Ela manipula as condições com o propósito expresso de atrasá-la. No começo, você era seu pequeno sabiá de estimação, mas agora está com medo de que ela em breve comece a cantar: *"Adeus, adeus, passarinho"*.

Solução Número 65: Saia do ninho dela o mais depressa que puder.

Os narcisistas têm uma tendência a primeiro idealizar uma pessoa ou um relacionamento e a seguir desvalorizá-lo de forma extrema. A narcisista insaciável, sua chefe, sempre termina por descartar o objeto inicial de sua afeição. Isto ocorre porque, sob sua insegurança profundamente enraizada, narcisismo, em última análise, significa busca de controle. Inicialmente, a narcisista insaciável, sua chefe, parece responder favoravelmente a todas as suas iniciativas. É natural que você presuma que ela age assim porque ama os produtos de seu trabalho ou as suas ideias, mas na verdade, a única coisa que ela quer é que você demonstre aprovação *para com ela*. Por um motivo ou outro, no momento em que ela adquire plena certeza de que você a aprova totalmente, começará a se voltar contra você. Assim que ela tenha ganho sua afeição, passará a desprezá-la e buscar uma nova conquista. Se isso ocorrer, você terá de providenciar urgentemente uma forma de subir na organização (para não precisar mais ter de prestar contas à narcisista insaciável). Ou então, arranje um novo emprego em outra empresa, antes que ela a despeça e você seja forçada a procurar outro com muito mais urgência.

DICA

EXPRESSA

Mantenha firme e renovada sua base de contatos e comece a dominar funções dentro da rede eletrônica. Torne uma prioridade a realização de ao menos um trabalho semanal dentro da rede até que surja uma oportunidade de arranjar um emprego em uma situação funcional mais favorável. (Veja o quadro PALAVRAS QUEBRA-GELO DURANTE AS MANOBRAS NA REDE VIRTUAL, no capítulo Doze, *Bruxo Malabarista*).

A REGRA DE OURO: Os narcisistas anseiam por admiração e se aproximam de seus subordinados com o objetivo exclusivo de obtê-la.

Contudo, a partir do momento em que uma narcisista em posição de chefe fique segura de que já tem sua admiração, passe a ter o máximo de cuidado, porque ela rapidamente se encolherá e a deixará flutuando sem apoio.

A fim de conservar sua própria sanidade e autopreservação, o melhor é ir embora para longe dela antes que a narcisista se desfaça de você de repente fazendo com que você tenha que procurar nova colocação sem estar preparada para isso.

ically 14

Colérico e viciado

Ele me lembrava dessas coisas que relatam a respeito dos executivos de Wall Street durante os anos 60 do século XX. Eles se embriagavam em restaurantes durante o almoço e começavam a gritar obscenidades, comentários ofensivos sobre as mulheres sentadas à mesa ao lado, chamando os garçons de "filhos da p.", "frescos de m." e coisas piores. As outras pessoas que trabalhavam sob suas ordens se queixavam constantemente dele, mas o fato é que estava na firma desde sempre e tornou-se praticamente intocável.

Ela era possuída por alguns demônios não muito secretos.

Seus acessos de raiva eram lendários, e os subordinados a chamavam de *"rageaholic"*, qualquer coisa como *raivólatra*. Este neologismo tão estranho era de fato muito descritivo, porque suas cóleras súbitas, mas constantes eram de fato alimentadas por alcoolismo, baseados, pó ou qualquer outro tipo de droga.

Mesmo lidando com profissionais treinados e acostumados a desconsiderar a parte mais cortante de suas repreensões violentas, qualquer chefe *raivólatra* sabe perfeitamente "como perder amigos e influenciar pessoas"[15]... para se manterem a distância dele ou dela.

As pessoas simplesmente não toleram trabalhar sob suas ordens. E no momento em que um cliente se achou na condição de alvo de uma explosão de cólera desencadeada fora de hora pela *raivólatra*, é só uma questão de tempo antes que ele se queixe a seus superiores, suspenda seus negócios com a firma ou mesmo abra um processo contra ela por danos morais.

---

[15] Trocadilho com o título do livro de Dale Carnegie, *Como Fazer Amigos e Influenciar Pessoas*. (N. do T.)

Eventualmente, os executivos superiores da firma não têm outras escolhas senão transferi-la para uma função administrativa sem equipe em que não irá lidar com a clientela, uma espécie de gaiola dourada (com um funcionário paciente e muito bem pago guardando a chave da portinha para deixá-la entrar e sair e ao mesmo tempo lidar educadamente com qualquer pessoa que tenha a desventura de precisar de alguma coisa desse departamento escondido) ou então mostrar-lhe a porta da rua, esperando que ela não morda nenhum dos seguranças enquanto estiver sendo arrastada para fora.

Problema Número 66: Você simplesmente tem medo dela.

Você já assistiu enquanto ela cuspia fogo contra seus colegas de escritório sob o menor pretexto e sabe que isto já ocorreu tantas vezes, que a única coisa que você deseja é conservar a maior distância dela. Uma vez que sua própria família não a criou de uma forma tão abusiva, você tende a se fechar quando as pessoas se jogam umas contra as outras sem o menor motivo.

Solução Número 66: Não busque a aprovação dela.

As explosões de raiva incontrolável são particularmente duras para os funcionários que consideram seus chefes como figuras de autoridade que dispõem do poder de aprovar ou desaprovar suas ações. Suponha que sua própria mãe foi sempre amorosa e compreensiva. Em vez de repreender, ela empregava conselhos como retorno e educação como uma ferramenta de reforço positivo. Nos melhores casos, isto significa elogios. Nos piores casos, uma crítica construtiva.

Mova o controle para o tempo presente. Você cometeu o engano (ou foi forçada por não ter alternativa) de aceitar um emprego no qual se descobriu subordinada a uma pessoa que simplesmente nunca encontra uma palavra gentil para lhe dizer. Ela repreende pública e violentamente qualquer pessoa que cometa a menor falta tal como se estivesse sendo pessoalmente ofendida. Você pode se sentir em um ambiente surreal, quase como se a

» sua chefe tivesse caído de paraquedas de uma nave espacial oriunda de um planeta completamente estranho. Na realidade, se você está esperando que sua chefe de alguma maneira possa reforçar seu senso de autoestima, pense de novo: você anda em busca de amor no pior lugar possível. Em vez disso, trate de encontrar maneiras de ampliar sozinha seus próprios sentimentos de autoestima.

Simplesmente faça o trabalho que lhe for designado da melhor forma possível, empregando toda a sua habilidade de modo a sentir orgulho dos resultados produzidos. Se desejar amor materno, telefone para sua mãe; e se quiser apoio moral, desenvolva amizades sólidas fora do escritório.

Problema Número 67: *A mínima desconsideração que ela possa imaginar é o equivalente a uma frase violenta esperando para vir à tona no momento seguinte.*

Na festa de Natal da empresa, sua chefe descobre que foi designada para sentar-se a uma mesa com o resto de seu departamento em vez de receber o assento a que julgava ter direito na mesa dos diretores. Ela não come, não bebe, não conversa, fica olhando fixamente para o espaço durante todo o evento, recusando-se a responder perguntas a não ser por um monossílabo. Na manhã seguinte, ou na manhã do primeiro dia útil depois disso, ela ralha com todo o pessoal de seu departamento, alegando que seu trabalho não é bom o bastante para merecer mais do que um aceno da direção superior. Fica mais do que claro que ela está descontando sua frustração na equipe. Ou isso, ou bebeu demais depois de sair da reunião e está com uma baita de uma ressaca!

Solução Número 67: *Sua chefe se identifica com Kali, a deusa da destruição: mantenha toda a distância que for possível.*

Sua chefe simplesmente não consegue controlar suas emoções. Sua inteligência emocional se encontra perigosamente abaixo da média. E suas explosões de raiva são absolutamente venenosas. Você até pode crer que ninguém realmente importante na firma ouviu falar a respeito de sua fúria incontrolável, mas o fato puro simplesmente é que sabem muito bem como ela é e justamente por essa razão estão evitando tocar nela. Proceda exatamente da mesma forma. Limite suas interações com ela ao mínimo possível, sempre que puder; evite encontrar-se com ela face a face, apenas a contate o tempo necessário para que ela saiba que ainda está comparecendo diariamente ao escritório e cumprindo todas as tarefas que lhe foram designadas.

As Diferenças entre uma *Raivólatra* e um Mandão Prepotente

Superficialmente, a *Raivólatra* compartilha de certos padrões de comportamento com o Mandão Prepotente (*Bully*), tais como a tendência a berrar com os outros simplesmente porque está com vontade de gritar. Mas há uma grande diferença entre os dois tipos de chefe: a *raivólatra* simplesmente não consegue tampar o forno de suas emoções, enquanto o prepotente sabe muito bem o que está fazendo e tenta empregar sua conhecida fama de violento para alcançar resultados: ele exerce "o poder da ira". Ele escolhe seus alvos seletivamente e por razões calculadas. A *raivólatra* não o consegue, presumivelmente porque não tem condições de controlar suas frequentes mudanças de temperamento.

Ela pode perfeitamente também ser alcoólatra ou abusar de substâncias controladas ou mesmo drogas ilícitas. Mas pode igualmente sofrer de um problema de tireoide não diagnosticado. Ela pode ter parado de fumar e talvez esteja sofrendo os sintomas de retirada ou até hoje estar lutando para se livrar das consequências da atração aditiva da nicotina. Mas quaisquer que sejam as razões, suas atitudes são antiprofissionais.

Embora tanto o prepotente quanto a *raivólatra* abusem das pessoas, os escalões superiores da maior parte das empresas os encaram de maneira bem diferente. Os altos executivos dão permissão ao prepotente para proceder como age porque em geral produz excelentes resultados com seus excessos; ou seja, eles sancionam seu comportamento até chegar o momento em que as queixas pelas suas atitudes superem os louros que ele merece devido à sua maneira de obrigar seus subordinados ao melhor desempenho. Seus métodos são desagradáveis, mas seus superiores sabem que ele os mantém sob controle. Por outra parte, os altos executivos sempre se demonstram contrários à *raivólatra*, porque suas atitudes são igualmente desagradáveis e ela é totalmente descontrolada.

A melhor tática é se manter longe dela tanto quanto for humanamente possível; caso contrário; o som dos seus berros enquanto ela está sendo carregada em camisa de força para fora do escritório talvez a deixe-a meio surda.

Problema Número 68: Antes da pausa para o almoço, ela lhe diz uma coisa; depois que volta, a história é bem diferente.

Sua chefe faz longos intervalos para um almoço tranquilo, enquanto o álcool flui à vontade pelo seu sistema. Ainda que ela retorne pela metade da tarde consideravelmente mais alegrinha e tratável do que estava de manhã, também modificou consideravelmente sua maneira de encarar o projeto do momento. Ela é capaz de reverter as decisões que tomou apenas algumas horas antes de ter saído. Você fica pensando que um gole lhe faria muito bem para enfrentar a situação — só que você é abstêmia!...

Solução Número 68: Escolha a versão que lhe for mais favorável.

Sua chefe parece estar falando por duas bocas ou as instruções saem pelo canto direito de manhã e pelo esquerdo à tarde. A única opção possível é escolher o conjunto de instruções que lhe for mais favorável e seguir nessa direção mais benéfica até o próximo estardalhaço dela. Está preocupada que ela a convoque a seu escritório e a faça ficar ajoelhada no tapete enquanto ela a chicoteia verbalmente por não seguir as suas instruções — não importa o que você faça? Para começar, desista do vício de ser dependente dela. Não lhe peça mais permissão para fazer isto ou aquilo. Simplesmente informe-a sobre suas intenções de como tocar o projeto. Se ela realmente encontrar algum problema em qualquer uma de suas decisões, fique tranquila, que ela lhe dirá. (Desde quando essa mulher teve qualquer reserva quanto a gritar com seus funcionários?)

> **GUIA EM DOZE ETAPAS PARA RESOLVER SEUS PROBLEMAS DE AUTOESTIMA, SEM MARCAR HORA COM UM PSICANALISTA, CONSULTAR O CONSELHEIRO PSICOLÓGICO DA FIRMA SOBRE SUA CARREIRA OU TOMAR VÁRIOS FRASCOS DE TRANQUILIZANTES**

Você está precisando urgentemente costurar os rasgões em sua autoestima? Eis aqui, destinado a uma leitura aprazível, um guia tipo Faça Você Mesma para o reparo de autoestimas fragilizadas. Embora algumas destas ideias apelem mais para mulheres e outras se apliquem melhor a homens, por favor, verifique que todas estas sugestões requerem tempo fora do escritório. Como diz o ditado antigo: "O que o olho não vê, o coração não sente".

1. **EMPREGUE SEU ESPÍRITO DE AGRESSIVIDADE EM AULAS DE KICK-BOXING.** Para ganhar mais energia, pense na cara amarrada de sua chefe cada vez que for dar um pontapé. Oba, mas que gostoso!;

2. **INICIE UM GRUPO DE APOIO QUE FAVOREÇA A APRENDIZAGEM MAIS ELEVADA.** Quando você ouvir o sobrenome "*Twain*", em quem você pensa? Em Mark, o escritor norte-americano, ou em Shania, a cantora pop canadense? Se você pensou logo em "Mark", marque três pontos. (Se você pensou em "Shania", faça de conta que pensou primeiro em "Mark".) Escape do pêndulo incessante das transmutações de humor de sua chefe participando de um grupo de leitura que se focaliza em autores famosos do século XIX ou em outros clássicos da literatura;

3. **COLOQUE-SE NAS MÃOS CAPAZES DE OUTRA PESSOA.** A tensão que está sentindo no pescoço, descendo pela cervical abaixo até afetar os nervos da base da espinha pode ser um sinal de que você está levando seus problemas do escritório com você para dormirem em sua cama. Liberte-se dela por meio da atenção de uma massoterapeuta profissional que saberá retirá-la de seu sistema com a pressão de seus dedos. Massagem profunda atingindo os músculos internos é um método comprovado para descartar estas pequenas tensões do escritório que têm o costume de se incrementarem com o tempo;

»

4. **SEJA GENTIL E DESCONTRAÍDA.** Pequenos atos de bondade revertem para nós no sentido de nos resgatar da autoabsorção que é um dos muitos efeitos negativos de trabalhar para uma *raivólatra*. A sua chefe grita com você sem absolutamente a mínima razão, você fica chocada e segue revendo o cenário em sua mente, imaginando o que possivelmente pode ter feito de errado. No momento em que você demonstrar qualquer pequena gentileza para com uma terceira pessoa, o videoclipe negativo intitulado *Inferno no Escritório* que era executado vezes sem conta perante os olhos de sua mente é subitamente interrompido. Um ato de bondade poderá ser uma coisa tão simples como ajudar uma velhinha a ler a lista de ingredientes em um artigo mostrado nas prateleiras de um supermercado ou mercearia. Ou pode ser algo tão significativo como decidir tornar-se o irmão mais velho adotivo em um desses muitos programas de mentoramento que existem hoje nas redes sociais e se destinam a ajudar crianças desprivilegiadas;

5. **FAÇA MEDITAÇÃO — USANDO AS CORES PERFEITAS PARA VOCÊ CONFORME INDICADAS PELOS MANUAIS DE CROMOTERAPIA.** Caso você use as cores corretas para seu tipo de personalidade, isto poderá subtrair dez anos de sua aparência exterior, além de realmente elevar seu espírito. Você é uma pessoa do *verão*, *outono*, *inverno* ou da *primavera*? Encontre as cores que melhor lhe correspondem e descubra;

6. **RECARREGUE SUAS BATERIAS INTERNAS TROCANDO AS LÂMPADAS DE SUA CASA OU APARTAMENTO.** Quando o espaço físico ao seu redor começa a se deteriorar, por exemplo, pelo enfraquecimento da iluminação, você precisa fazer sua manutenção; caso contrário, acabará por se sentir queimada por dentro;

7. **APRENDA A COMPARTIMENTALIZAR.** Não deixe que os problemas do escritório que estão criando uma confusão interna em sua própria casa enquanto giram ao redor de sua cabeça comecem a escapar pelos ouvidos e a se espalhar pelo chão da sala. Em outras palavras, se as coisas parecem contaminadas (especialmente as roupas que usou para ir ao trabalho), jogue fora ou doe para alguma instituição de caridade. Coloque os papéis espalhados em gavetas e as revistas soltas no recipiente adequado (ou ponha no lixo);

8. **ARRANJE UM ENCONTRO CONSIGO MESMA.** Por que esperar que um namorado ou uma amiga aprove (ou desaprove) o filme que você queria ver? Tire um dia na semana para se encontrar consigo mesma e fazer sozinha todas as coisas que tem vontade de fazer. Vá visitar um museu. Vá a uma doceria e coma o que não devia. Vá ver aquele filme bobo sozinha e chore se tiver vontade. Pois então, depois disso, não está se sentindo fabulosamente melhor?;

9. **RESOLVA UM MISTÉRIO. O QUE FOI QUE ACONTECEU COM FULANO OU BELTRANA?** Pela internet é surpreendentemente fácil localizar praticamente qualquer pessoa. Mas não invente de visitar o endereço que descobriu, pode causar um choque apoplético na pessoa que está contatando! (*"Mas por que cargas d'água a Sicrana apareceu na minha porta para me ver depois de todos esses anos?" "Será que ela teve um filho meu e eu nem sabia?"*) Nada disso, queridinha, mande um *e-mail* primeiro e marque um encontro (se a outra pessoa ainda quiser);

10. **EXPERIMENTE MODIFICAR COMPLETAMENTE SUA PERSONALIDADE.** Visite uma loja de roupas antigas (por favor, não um brechó!) e compre um conjunto no estilo dos anos 20 ou 30 do século passado. Talvez uma roupa de melindrosa (se você é mulher) ou um *smoking jacket* como aqueles que usavam antigamente para fumar com os amigos em uma sala separada longe dos narizes sensíveis das senhoras (se você for homem). Adote o caráter que você imagina que tinham as pessoas que se vestiam desta forma antigamente.

11. **FAÇA KARAOKÊ TIPO EU ESTOU OK, VOCÊ ESTÁ OK.** Experimente o poder curativo da música cantando desinibidamente diante de estranhos suas melodias favoritas em um bar que ofereça sessões de karaokê. Não há maneira mais rápida de injetar testosterona em sua autoestima (ou então compre um equipamento e faça a sessão em casa com um grupo de amigos; isto já não é tão bom, mas também serve);

12. **TORNE-SE UM ASTRO OU ESTRELA POR ASSOCIAÇÃO.** Descole um convite para uma reunião de levantamento de fundos, prestigiada por qualquer celebridade e desafie a si mesmo(a) para bater um papo

> com a homenageada. Quando você se aproxima dos grandes (ou dos semigrandes), um pouco daquela poeira de estrelas se espalha pelo ar e cai nos seus humildes ombros.
>
> *Arranje tempo para nutrir seu próprio senso de autoestima e depois recolha os resultados. Os impropérios de sua chefe vão rebater contra sua nova armadura brilhante mais depressa que uma bolinha de tênis em uma quadra pavimentada. Você ainda vai escutar a sua chefe aos berros, mas o som de seus uivos não vai mais fazer seus ouvidos chocalharem. Isto ocorrerá porque você se encontrará em um lugar totalmente diferente, habitado somente por você, no qual se sentirá plenamente livre, livre, enfim livre dela!...*

Simplesmente Estatísticas

As estimativas variam, mas de acordo com alguns relatórios, aproximadamente 23 milhões de norte-americanos sofrem de alcoolismo ou de dependência de drogas farmacêuticas ou ilícitas. Contudo, apenas uns 4 milhões (menos de 20%) buscam ajuda para se livrarem deste problema. *Alcoolismo* é definido como 5 ou mais doses de qualquer bebida alcoólica tomadas em uma única ocasião 5 vezes por mês ou mais. O álcool e o vício em diversas drogas custam às empresas norte-americanas cerca de 100 bilhões de dólares ao ano como decorrência de queda de produtividade. (11)

No Brasil, a situação também é grave. De acordo com levantamento do Instituto Nacional de Políticas Públicas do Álcool e Outras Drogas (Inpad) da Universidade Federal de São Paulo (Unifesp), realizado em 2015, cerca de 5% dos que assumem beber com frequência já perderam o emprego em nosso país devido ao consumo exagerado de álcool. Outra pesquisa, esta realizada pelo Observatório de Indicadores do Sesi Paraná, demonstrou que o alcoolismo foi responsável pelo afastamento do trabalho de 46.991 profissionais em todo o Brasil, em 2014.

A demissão por embriaguez é prevista na Consolidação das Leis do Trabalho (CLT) como justa causa. Apesar disso, no Brasil, o alcoolismo é o terceiro motivo das faltas no trabalho, a causa mais frequente de aposentadorias precoces e acidentes no trabalho e a oitava causa para concessão de auxílio-doença pela Previdência Social. Provoca ainda atrasos, queda de produtividade, desperdício de materiais, sonolência, sobrecarga dos sistemas de saúde, conflitos com colegas de trabalho, conflitos disciplinares em relação aos supervisores, dificuldade de entender novas instruções ou de reconhecer erros, reação exagerada às críticas e variação constante do estado emocional. Ter um chefe que toma umas biritas no meio do expediente ninguém merece!

Problema Número 69: Você descobre ser o faxineiro.

Ante a menor provocação, sua chefe começa a gritar e desbarata com vendedores e fornecedores. Você observa quando eles saem do seu escritório de boca aberta e queixo caído por causa do choque. Suas demonstrações de cólera indignada algumas vezes servem para fazer os vendedores baixarem consideravelmente os preços. Mas em outras ocasiões, quando são menos pacientes ou ainda não a conhecem bem, eles se queixam furiosamente de seu tom de voz, cortante demais para seus gostos. Em comparação, você parece um santo. Você se porta com imperturbável dignidade. Desta forma, sua chefe o selecionou para executar uma tarefa toda especial: limpar as cagadas que ela faz!... Cada vez que ela perde a cabeça e estupora com alguém de fora do escritório, ela o despacha para se desculpar em nome dela ou para inventar alguma explicação mais ou menos plausível para suas ações desavisadas.

Solução Número 69: Faça um cursinho de diplomacia no escritório para iniciantes.

Congratulações! Você está subindo na vida. Até sua chefe reconhece que precisa de você para ser "manobrada". Pense em si mesmo como sendo seu secretário de imprensa recém-nomeado para tratar de assuntos internos e relações exteriores. A fim de realizar esta tarefa impecavelmente, você precisará se tornar especialista em inventar desculpas para ela.

Caso você se comporte com as mais excelentes maneiras possíveis, isto poderá ter longo alcance para apagar a horrível impressão que ela causa. Uma dose de encanto pessoal e um pouco de humor inteligente podem ajudar a superar o embaraço inicial. Depois que tiver se desculpado pelo flagrante disparate de sua chefe, chegou a hora de apresentar o comunicado oficial à imprensa. "*Tiffany* lhe pede profundas desculpas por aquela observação inusitada que fez em sua última reunião", você pode começar. "Ela quer que vocês saibam que ela simplesmente se deixou levar pelo calor do momento. Ela também me pediu para informar que, naturalmente, nossa companhia aprovará a correção monetária do índice de inflação solicitada por vocês sem mais delongas. Se vocês me mandarem os documentos por fax, eu providenciarei para que ela os assine antes do fim desta semana."

Não fique surpreso se doravante todo mundo queira lidar com você diretamente — é muito mais simples e agradável.

DICA

EXPRESSA

Envie presentes valiosos em nome da firma para aqueles representantes comerciais que sua chefe insultou. Desenvolva o hábito de atribuir o crédito final a ela, revelando sutilmente que a generosidade foi ideia sua. Por exemplo, se você tem plena certeza de que uma das vendedoras ofendidas por sua chefe gosta de doces, envie-lhe uma caixa de bombons caros, naturalmente por conta da firma. Antes que dê tempo para a encomenda chegar, telefone para saber se ela já recebeu o presente. Quando ela indagar: "Mas que presente?", diga-lhe que deve estar a caminho e que foi somente uma ninharia que você e sua chefe acharam que ela poderia gostar.

Problema Número 70: Sua chefe não comparece a reuniões importantes.

Seu departamento inteiro vem se matando há semanas para preparar dentro do prazo uma importante apresentação para um banco. Sua empresa está pedindo um dinheirão: de fato, um empréstimo de vários milhões de dólares. Seu executivo principal vem liderando o projeto e indagando diariamente, faz mais de um mês, ao fim de cada dia de trabalho, a respeito de seu andamento. Mas quando o dia da apresentação finalmente chega, sua chefe não pode ser encontrada em parte alguma. Chamadas urgentes para seu celular e o telefone fixo de sua residência caem na secretária eletrônica e não são respondidas. Você e o resto da equipe são forçados a aparecer na reunião sem ela. Algumas horas depois que a reunião acabou, sua chefe embarafusta escritório adentro reclamando que a greve do metrô provocou um engarrafamento nas estradas e avenidas e que o automóvel dela ficou preso horas e horas no trânsito. Mas tanto você quanto o resto da equipe sabem, não houve qualquer greve nem algum engarrafamento particularmente grande nesse dia.

Solução Número 70: Arranje alguma desculpa para ela, mas se esta atitude configurar um padrão, mencione-a com cuidado a um dos seus superiores.

Faltar a uma única reunião não é sinal de um vício incurável. Mas se sua chefe habitualmente deixa de comparecer às reuniões marcadas, vale a pena tentar quebrar esse hábito dela. Mas nunca enfrente diretamente uma chefe alcoólatra. Sua resposta provável será a negação, seguida por um acesso de cólera caso você realmente a pressione. Os alcoólatras podem ser realmente furtivos e inventar todo tipo de desculpa para explicar seus problemas. Segundo geralmente acontece, você vai querer muito acreditar em suas desculpas, porque pode parecer estranho, mas sempre há alguma coisa que realmente desperta a boa vontade alheia na personalidade dos viciados. Quaisquer pessoas que estejam balançando no fio da navalha da autodestruição frequentemente apresentam um certo tipo de carisma invertido que enfeitiça as pessoas que precisam lidar constantemente com elas.

» Não obstante, se seu padrão de autodestruição permanecer inabalado, eventualmente sua chefe porá em risco os negócios da firma. Caso chegue a esse ponto, você não terá alternativa a não ser falar com alguém responsável. Você pode não querer falar com um dos superiores dela, porque isso poderá pegar bastante mal para você por um motivo ou outro. Procure então uma pessoa bem conhecida no departamento de Recursos Humanos e lhe diga que o que pretende revelar é absolutamente confidencial. Peça-lhe que verifique os fatos discretamente, de tal forma que seu nome não apareça.

Essa pessoa pode conversar com outras em seu departamento, convocarem sua chefe e lhe recomendarem um programa de tratamento para reabilitação de seu vício, qualquer que ele seja. Muitos centros de reabilitação vêm obtendo grande credibilidade hoje em dia como uma forma de amenizar os problemas crescentes causados pelo alcoolismo e adição a drogas tanto nos Estados Unidos quanto no Brasil.

MANTRA CORPORATIVO

 "Tudo isso vai passar, como tantos outros problemas que já terminaram." Vai passar mesmo, porque, mais cedo ou mais tarde, sua chefe autodestruirá. A maior probabilidade é a de que isto aconteça mais cedo do que mais tarde.

A REGRA DE OURO: Explosões de raiva descontrolada que parecem não ter causa direta são frequentemente sinais denunciadores de algum tipo de vício adquirido. Mas nunca acuse sua chefe de ser alcoólatra ou viciada em drogas, porque ela muito provavelmente negará tudo. Em vez disso, adote uma atitude de "deixar como está para ver como fica". Se a situação piorar, uma discussão confidencial, mas com toda a franqueza, com alguma pessoa do departamento de Recursos Humanos é a sua melhor tática. Ainda que seja um passo difícil, se você manobrar corretamente será a melhor coisa a fazer. Uma vez que o aumento da competição faz com que as empresas se esforcem ao máximo para conservar seus melhores talentos (e sua chefe não chegaria a essa posição se fosse desprovida dele), *reabilitação* deixou de ser uma palavra tão feia como costumava ser antigamente.

capítulo 15

O sultão protegido

O fator universal comum a todas as empresas sob ameaça de concordata, em favor das quais agi como consultor financeiro ou conselheiro administrativo, é sua incapacidade ou indisposição para ver os avisos metaforicamente escritos nas paredes a fim de tomar, desde o começo, providências que realmente poderiam ter salvo a companhia de sua falência, caso tivessem sido tomadas a tempo.

Como um dos jovens turcos que conduziram seu país para a modernidade depois da derrota na Primeira Guerra Mundial, ele conduziu a empresa para a qual você agora trabalha durante um período turbulento décadas atrás, obtendo em consequência uma lealdade feroz de todos os funcionários que então ocupavam os escalões abaixo dele e que foram aos poucos subindo pela escada corporativa. Mas recentemente, os principais negócios de sua empresa estão novamente passando por um período bastante difícil e as más línguas começaram a propalar que seu líder intrépido, mas envelhecido, já perdeu seu jeito para os negócios.

Teimosamente, ele se recusa a modificar os sistemas que operam a empresa. Mesmo quando confrontado por evidências claras de que sua fatia de mercado está encolhendo e que os clientes estão abandonando sua corporação praticamente aos bandos, ele resiste a experimentar novos métodos de trabalho no empreendimento que ainda controla.

Ele não vê o valor de analisar os métodos dos concorrentes. Ele realmente não demonstra interesse em pesquisar o que está transcorrendo no mundo exterior e fora do âmbito de seu pequeno reino. De fato, ele se acha isolado de algumas das realidades mais duras por seus antigos e leais colaboradores e por funcionários obedientes que nem sonham em contradizê-lo e o mantêm embalado em um falso senso de segurança. Na verdade, não existe um só executivo na companhia com importância e coragem suficientes para lhe dizer pura e simplesmente que os métodos com que trouxe a empresa até sua situação presente na realidade não serão mais capazes de conduzi-la até o próximo nível em um mundo transformado por novas condições econômicas e empresariais.

Em algum nível profundo de sua mente, ele percebe que sua própria empresa corre perigo, mas não sabe como reagir. Será realmente possível pressioná-lo a tomar as difíceis providências necessárias para consertar a situação?

O que você pode fazer, se é que algo está a seu alcance, para ajudar este sultão protegido a encontrar um atalho por meio do qual possa se desviar da rampa escorregadia em que se encontra, antes que sua empresa deslize até o abismo da falência?

Problema Número 71: Ele não se interessa por obter novas informações.

Seu grande chefe não sabe quais as novas que deveria saber. O pior é que ele nem se importa por não saber. A única coisa que ele realmente sabe é que não tem a menor intenção de desperdiçar um monte de dinheiro da companhia (que ele percebe como sendo seu) na criação de um departamento ou mesmo de um simples sistema de informações que produza conhecimentos imediatos sobre as transformações que vêm ocorrendo no mercado. Ele acredita que os métodos que funcionaram para salvar e conduzir a empresa com segurança no passado continuarão a funcionar da mesma forma no presente, por mais que seja óbvio *que não estão mais funcionando*. Ele não tem o menor interesse em saber o que os concorrentes estão fazendo, até que chegue o ponto em que eles estão literalmente dentro do refeitório de sua corporação, comendo seu lanche e bebendo seu próprio refrigerante dietético.

Solução Número 71: De algum modo, encontre um jeito de transmitir-lhe um resumo de três minutos sobre a situação atual.

Imagine se você fosse um respeitado membro do gabinete, empregado por um presidente da república que não gostasse de ler os resumos que lhe são preparados diariamente por seus assessores. Ora, neste caso, o que você faria? Você permaneceria atualizado o mais possível nas pesquisas de opinião, nas tendências mais significativas dos mercados internos e globais e nos relatórios que lhe são periodicamente enviados pelo Ministério do Exterior, pelo Ministério do Comércio, pela Polícia Federal, pelo Ministério da Justiça, pela direção das estatais e por outras fontes igualmente importantes. Deste modo, você informaria a seu chefe os dados mais importantes em qualquer oportunidade que se apresentasse. Essencialmente, é isto que você tem de fazer agora no nível mais restrito da corporação e do ambiente em que realiza seus negócios. Contudo, a maneira como vai realizar esta tarefa tem de ser planejada para agradar a seu chefe, uma vez que é improvável que chefiar o "Ministério das Informações" faça parte da descrição de suas tarefas.

»

> Por que não preparar uma série de slide em *PowerPoint* para apresentar suas descobertas de forma mais acessível a seu chefe? Caso perceba desde a primeira tentativa que seu chefe fica aborrecido, experimente outros formatos. Você pode enviar-lhe *e-mails* contendo as informações mais pertinentes. Você pode anunciar determinados fatos quando chegar sua vez de falar em uma reunião qualquer. Ou você pode conversar com alguma pessoa da confiança de seu chefe e trabalhe sob suas ordens diretas e em quem você também possa confiar, tal como sua secretária particular, e pedir a ela que seja a mensageira.
>
> Quer você transmita os noticiários verbal, visualmente ou por escrito não tem grande importância, desde que, de uma forma ou de outra, seu chefe receba as informações sobre o mercado no devido tempo para que possa tomar as decisões necessárias.

DICA

EXPRESSA

Divida e pique as informações desagradáveis para seu chefe de tal modo que ele possa mastigá-las e engoli-las. É improvável que alguém que não goste de ler aprecie receber longos artigos detalhados e sem resumir em sua caixa de *e-mail*. Portando, envie-lhe sempre mensagens tipo C.G. (Curta e Grossa). Saliente os pontos-chave mais importantes e inclua no final alguns tiros de meta.

Problema Número 72: Ele tem visão de túnel.

Seu grande chefe se concentra inteiramente no que ocorre entre as paredes da firma. Seu planejamento se limita a atualizar o orçamento anual da empresa sem enfocar a mínima informação atualizada sobre o mundo exterior. Em vez de solicitar retorno de pessoas reais que estejam usando os produtos ou serviços de sua empresa, ele reúne ao redor de si os "verdadeiros crentes" que confiam nele e o protegem da difícil tarefa de lidar com as mudanças que ocorrem na economia e no mundo corporativo. Ele se encontra no extremo oposto das consultas aos clientes, 180 graus afastado de uma empresa voltada para os consumidores. Ele tem medo das opiniões das pessoas que andam pelas ruas, portanto não se interessa por pesquisas de opinião. Seu sultão protegido pode ter a aparência do executivo principal da empresa, mas sua maneira de pensar é semelhante à de Marie-Antoinette, a rainha da França, que acabou guilhotinada por sua indiferença às condições do povo.

Solução Número 72: Arranque-lhe os antolhos que impedem sua visão periférica.

Assuma a responsabilidade de revisar os produtos ou serviços que estão fracassando com um olhar inovador. Imagine que você foi solicitado a redigir um estudo a respeito para a Escola de Administração da Universidade Harvard. Eis aqui algumas das questões que você talvez precise desemaranhar. O problema se encontra na própria qualidade do produto ou do serviço? Ou a questão foi provocada pela sua base de consumidores? (Por exemplo, seus clientes estão envelhecendo? Estão se aposentando ou se retirando dos negócios? Estão morrendo? Permanecem leais ou são comercialmente promíscuos? Buscam preferencialmente suas vantagens imediatas?) Alguma coisa se modificou no mercado durante o último ano? Nesse caso, como os concorrentes reagiram ou deixaram de reagir à mudança? A sua empresa está suficientemente diversificada ou se mantém presa a seu produto original? Talvez seja necessário contratar um consultor externo para desenvolver a perspectiva de que sua empresa necessita com urgência a fim de focalizar o problema.

> Quais serão os próximos passos mais lógicos? Você deve modificar o conjunto de produtos ou serviços oferecidos no presente? Você precisa reavaliar alguns preços ou alterar a cadeia de distribuição de alguma forma? O modelo original empregado pela empresa ainda funciona? Enquanto você estiver escavando para chegar à raiz do problema, considere se vai ser necessário examinar as políticas de venda ou tomar quaisquer outras providências drásticas para redução de custos, tais como renegociar os contratos de compra de matéria-prima, autorizações de franquias ou terceirização de serviços.

Simplesmente Estatísticas

"Oito em cada dez novas empresas acabam por falir ou deixar o mercado por qualquer outro motivo." Este axioma é citado comumente como parte do evangelho corporativo. Mas será de fato verdadeiro? Alguns dizem que não, porque inclui vendas e fusões na lista dos fracassos, além do abandono de um determinado ramo, quando frequentemente isto acontece com lucro considerável para a empresa que fechou. Mas uma coisa é verdadeira: em comparação com as empresas estabelecidas, os novos empreendedores tendem a assumir maiores riscos.

Problema Número 73: O que quer dizer com economia global?

De que forma a sua companhia reagiu às pressões da globalização? Para descobrir a resposta, vá à página da empresa na *world wide web*. Não se encontra absolutamente nada de fascinante nela? Ela apenas apresenta fotografias de sua linha principal de produtos, modelos de serviços e uma lista de endereços da matriz e das diversas filiais. Mas não há espaço para clientes comprarem seus produtos ou contratarem seus serviços diretamente da página e nem sequer descreve adequadamente a experiência da firma nessas áreas. Seu concorrente mais próximo, uma companhia relativamente nova que abraçou integralmente as novas oportunidades oferecidas pela tecnologia de ponta, recentemente reformatou seu *website* para vender produtos e serviços *on-line* no mundo todo. Enquanto isso, aquele lunático imortal — quer dizer um luddita[16] contrário à mecanização — conhecido como o grande chefe da empresa, simplesmente dá de ombros quando lhe falam sobre este grande desenvolvimento econômico obtido pela empresa concorrente por meio da plena adoção da tecnologia informatizada, provocando uma intensa frustração em todos que trabalham sob suas ordens.

Solução Número 73: Encarregue-se de montar uma equipe que seja capaz de criar para a empresa um novo site na rede que realmente funcione.

Nunca tente discutir abstratamente os assaltos da globalização com seu grande chefe ou, pior ainda, chamar-lhe a atenção para o fato de que sua empresa se acha muito mal preparada para reagir a eles. Para um grande »

---

[16] Movimento operário em oposição à Revolução Industrial (1750), culminando entre 1811-17 com a queima de fábricas por artesãos contrários à mecanização, por acreditarem que perderiam o trabalho, substituídos por operários não especializados recebendo baixos salários simplesmente para operar as máquinas e que foi reprimido com o auxílio de tropas do exército britânico, com muitos dos participantes banidos para a Austrália e Nova Zelândia. O nome deriva de Edward Ludham, ou Ned Ludd, um jovem tecelão que destruiu dois teares em 1779, foi condenado à forca e teria se refugiado na floresta de Sherwood, como Robin Hood, de onde comandava os operários como o general Ludd ou "King Ludd". (N. do T.)

chefe sofrendo de tecnofobia, as visões de um mundo orwelliano[17] em que o grande irmão não somente está cuidando de você, mas ao ser convidado a entrar na página eletrônica de sua empresa para adquirir seus produtos e serviços, em que também se pode queixar de sua qualidade ou presteza no atendimento, podem ser altamente desconcertantes.

Em vez disso, desafie a si próprio sobre como desenvolver um *website* para a firma de acordo com as capacidades e exigências do século XXI. Você não tem conhecimento especializado para isso ou sabe que não é essa a sua função na empresa? Bem, supondo que tenha autoridade para isso, monte uma equipe que tenha essa capacidade ou então organize uma comissão capaz de encontrar uma firma de fora para terceirizar o projeto do novo *site* de sua empresa. Eis algumas questões a serem levantadas na reunião inicial. Como irá funcionar o sistema de navegação? Como o conjunto de páginas do *website* poderá ser construído de forma amigável aos clientes? Deverá ter uma função "carrinho de compras" que permita aos visitantes se logar, adquirir produtos e pagar por meio de cartão de crédito ou de boleto bancário? Com que frequência o *website* poderá ser atualizado dentro dos termos do contrato? A firma a ser terceirizada pode criar um *demo* (teste para demonstração) do que será o novo *website* da sua empresa melhorado por sua intervenção? Tenha o cuidado de fazer com que *todos* os membros da comissão experimentem à exaustão os produtos para retirar todos os problemas que apareçam *antes* de apresentar o *demo* a seu grande chefe ou aos demais altos executivos da empresa. Reúna a retroalimentação de todos

---

[17] Em 1948, George Orwell, influenciado pelas numerosas ditaduras da época, escreveu uma distopia representando uma sociedade totalitária em que absolutamente todas as ações humanas eram controladas por câmeras e outros artifícios. O ano 1984 não representava uma previsão, mas simplesmente a troca dos algarismos finais do ano em que escreveu o livro, publicado em 1949, no qual cunhou a expressão "Big Brother is Watching You". O herói trabalha reescrevendo os livros de história, cujos originais são a seguir queimados e expressa sua revolta se apaixonando em um mundo em que o amor individual é proibido. Tanto ele como a amante são submetidos a lavagem cerebral, traem-se mutuamente e no final, ela nem sequer o reconhece mais. O "Grande Irmão" observa e controla todos, enquanto no Big Brother Brasil todos observam um grupo de voluntários cujas ações controlam a atenção da audiência... O autor foi acusado de plagiar *Brave New World*, de Aldous Huxley (publicado em 1932) e teria inspirado Ira Levin a escrever *This Perfect Day* (publicado em 1970), mas os roteiros dos três livros são muito diferentes; no livro de Huxley o herói é o selvagem retrógrado e exposto à curiosidade pública, enquanto no livro de Levin a sociedade tecnocrática é finalmente destruída pelo herói, Chip. (N. do T.)

» os membros da comissão e cobre da companhia encarregada as modificações necessárias. Depois de tudo aprovado, requeira de cada funcionário de sua firma que visite o novo *website* antes que ele seja de fato liberado para os clientes na *world wide web*.

Assim que o novo *website* da companhia estiver funcionando, faça suas próprias tarefas de casa. Pesquise maneiras simples para difundir a página entre os atuais e possíveis clientes. A empresa deverá investir em algumas palavras-chave? Uma função de *blog* pode ser adicionada à página? Em suma, descubra o quanto você pode fazer para tornar seu novo *website* divertido, amigável, atraente e mais interativo!...

MANTRA CORPORATIVO

"Ignorância não é felicidade." A ignorância pode custar à sua empresa a liderança de mercado, toda a sua base de clientela e, em última análise, a fonte de renda de cada funcionário. Vivemos agora em um mundo funcionando 7 dias por semana e 24 horas por dia, embasado na internet, no qual as mudanças ocorrem com velocidade assustadora. Se for preciso, quebre uma das janelas da torre de marfim de seu Grande Chefe para deixar as notícias passarem. Hoje em dia, qualquer um que se recuse a se atualizar já está sendo automaticamente passado para trás.

Problema Número 74: Seu Grande Chefe anda distraído.

Seu Grande Chefe costumava trabalhar sessenta horas por semana; mesmo quando não se achava presente, sempre podia ser contatado para alguma consulta mais necessária. Mas durante os últimos dois anos, ele passou por uma série de revezes pessoais (ou triunfos, dependendo do seu ponto de vista). Ele finalmente se divorciou depois de várias décadas ou acabou se amarrando oficialmente com sua amante de muitos anos. Por alguma razão, aparentemente não é mais possível obter a sua atenção para discutir o rápido declínio de sua empresa.

Solução Número 74: Concentre sua energia num esforço para focalizar a dele.

Não fique nervoso se está parecendo com a Beth Nervosinha. Seu Grande Chefe realmente está agindo com negligência. Caso ele continue a ignorar tanto a economia de mercado quanto os fatores da competição vital, a firma inteira poderá acordar certa manhã para descobrir que seu principal modelo de negócios deixou de ser lucrativo ou até mesmo se tornou obsoleto. O que você deve fazer é simplesmente trazer estas questões à sua atenção antes que seja tarde demais. Discuta suas preocupações com outros executivos da empresa. Se eles concordarem com seus pontos de vista, eventualmente a diretoria convocará seu Grande Chefe para uma reunião emergencial obrigatória. O recebimento da convocação o chocará por um tempo suficiente para esquecer sua presente felicidade pessoal e vir sentar-se à mesa com os demais diretores para discutir o que quer que esteja em pauta.

Problema Número 75: Nenhum membro da diretoria ou quaisquer dos principais executivos deseja consultar o espelho mágico.

A negação sobre o estado atual da empresa começa lá em cima e vem se filtrando até os escalões mais inferiores. Os negócios principais da empresa estão começando a desabar e, falando francamente, a culpa é da atual diretoria. Por que ninguém consegue simplesmente enxergar o que está se passando? Hummm... Pode ser que o motivo por trás disso é que as próprias pessoas que deveriam diagnosticar o problema são aquelas que inicialmente criaram as condições para que o problema se instalasse. Bem, isto é só uma teoria...

Solução Número 75: Aceitação ao invés de negação.

Do mesmo modo que ocorre com qualquer outro tipo de infortúnio, aceitar a situação é sempre o primeiro passo para revertê-la. Contudo, agir honestamente a respeito da péssima situação em que se sua empresa se encontra envolve também o grande risco de que todos se voltem contra o mensageiro de más notícias e você acabe por perder o emprego. Mais de um século atrás, o escritor Upton Sinclair disse: *É muito difícil conseguir que alguém entenda alguma coisa quando a conservação do seu salário depende de não entendê-la.* O problema é que caberá à administração atual tentar identificar aqueles elementos da empresa que devem sobreviver e reestruturar os negócios dentro destes limites. Algumas vezes isto poderá significar vender ou encerrar várias partes das operações da companhia e cortar o excesso de pessoal. Para agir com plena responsabilidade, a diretoria pode precisar eliminar seus próprios empregos. (Veja o próximo capítulo sobre *Vigaristas, fraudulentos e trapaceiros*.)

A REGRA DE OURO: Hoje em dia, é muito perigoso para uma empresa ignorar as condições do mercado. Os concorrentes não necessitam nem de longe tanto tempo para alcançar sua posição ou tomar sua fatia do mercado como precisavam nas décadas passadas. Dentro da economia globalizada com base na internet, as mudanças ocorrem em questão de nanossegundos. Faça pelo menos uma coisa por semana com o intuito de atualizar o Sultão Protegido que é seu grande chefe, de tal modo que, paulatinamente, ele se torne incapaz de resistir a ingressar nas condições de mercado do século XXI.

capítulo 16

Vigaristas, fraudulentos e trapaceiros (Conhece alguém assim?)

Existe um velho ditado britânico que reza: "No fim das contas, todas as empresas que fracassam é porque quebraram por falta de dinheiro". As artimanhas a que certos gerentes serão capazes de recorrer para que suas empresas ou filiais não fiquem insolventes são com frequência inacreditáveis.

Ele é capaz de esticar a sua fatura de despesas comerciais até que a lista fique do tamanho de um avião transcontinental modelo Lear Jet. Na verdade, ele frequentemente confunde negócios com prazer — em coquetéis, campos de golfe, *resorts* de turismo e até mesmo em *spas* para tratamento de beleza. Ou ele perdeu sua bússola moral há muitos anos, ou a deixou guardada secretamente em um iate alugado quando a situação da empresa parecia mais favorável e se esqueceu de onde a colocou.

Ele encara a empresa como uma extensão de seu luxuoso estilo de vida em vez de uma corporação por ações adquiridas por um número mais ou menos grande de investidores. Assim, quando é forçado a tratar seus investidores como sócios, ele pode se mostrar totalmente envolvido em um manto de segredos. Os investidores podem começar a suspeitar que ele seja um tanto paranoico, mas seu sigilo não deriva de qualquer patologia ou condição psicológica profundamente enraizada, a não ser que seja a patologia da ambição. Mesmo assim, as falcatruas e maracutaias de seu chefe podem perfeitamente criar sérios problemas para você. Dependendo do ponto em que suas malversações sejam flagrantes, ele poderá até mesmo acabar preso ou, com um bom advogado, ser sentenciado a prestar um largo termo de serviços comunitários ou permanecer em prisão domiciliar. Deste modo, você precisa ajudar seu chefe a limpar as suas sujeiras ou então começar a planejar suas estratégias de saída enquanto pode, antes que a bomba acabe por estourar em sua própria mão e você seja responsabilizado e preso no lugar dele. Seu chefe é um corrupto? Veja a seguir algumas bandeiras vermelhas de sinalização para observar com o máximo cuidado.

Problema Número 76: Um fornecedor começa a protestar violentamente pelo atraso em seus pagamentos.

A coisa começa de uma forma bastante inocente. Um certo dia, você percebe um número desconhecido piscando no celular da empresa que lhe foi designado (ou mesmo no identificador de chamadas do seu telefone fixo empresarial). Você aperta o botão de recepção ou ergue o fone do gancho e começa a escutar uma voz vagamente familiar berrando com tantos decibéis em seu ouvido que quase o deixa surdo. A voz incorpórea está gritando frases tipo *"pagamento mega-atrasado", "da próxima vez quem vai falar é o meu advogado"* ou *"vou processar esses patifes para quem você trabalha e que não querem me atender!"*. Na primeira pausa, você interfere polidamente: *"Queira desculpar, mas não escutei seu nome...".* Após a identificação, você percebe que se trata de um dos fornecedores de quem sua companhia compra suprimentos há bastante tempo. Mais calmo agora, o executivo da companhia lhe explica que a razão por estar telefonando para você é que seus chefes não se deram ao trabalho de responder sequer a um dos seus telefonemas que vêm caindo em suas secretárias eletrônicas durante os últimos três meses.

Solução Número 76: Elabore com ele uma agenda de pagamentos; se possível, conseguindo um desconto.

Antes de procurar uma solução, prometa ao fornecedor que irá tratar do assunto com a devida urgência, pois sempre é uma boa ideia descobrir qual é a fonte do problema. Pergunte a seu chefe ou chefes por que razão este vendedor em particular não foi pago com a devida prontidão. Talvez desta vez os artigos que ele forneceu tenham sido de qualidade inferior e sua companhia esteja exigindo a sua substituição ou, pelo menos, que ele lhes dê uma compensação na próxima remessa. Talvez o vendedor tenha recusado. Neste caso, atrasar o pagamento poderá ser um recurso válido. Mas caso se descubra que o fornecedor não foi pago devido a um problema de fluxo de caixa em sua empresa, alguém em seu escritório terá de elaborar com ele uma agenda de pagamentos parcelados, seja com um desconto ou mediante um possível acréscimo de juro ou correção monetária.

Você pode presumir que ele não estará disposto a negociar já que parecia tão zangado no telefone. Mas, na verdade, ele pode estar perfeitamente disposto a renegociar — desde que receba uma garantia aceitável de que será pago dentro de um período razoável. Os clientes atrasam suas obrigações de pagamentos todos os dias por uma série de diferentes razões. A probabilidade é a de que este fornecedor já passou por esta experiência várias vezes antes, com a sua ou qualquer outra firma e só queira resolver o problema presente da melhor e mais rápida forma possível, agora que não mais está sendo ignorado.

Há dois pontos para manter em mente no caso de ser você a pessoa designada para empreender a renegociação. Em primeiro lugar, a quantia devida tem um valor presente (quanto mais cedo for paga, tanto mais barato sairá para a empresa, em termos de acréscimos de juros, correções e outras possíveis taxas). Em segundo lugar, apesar de todas as suas ameaças, seu credor provavelmente *não quer* abrir um processo de cobrança judicial durante o qual terá de gastar uma porção de dinheiro com advogados e custas de tribunal e finalmente ter de aceitar um acordo inferior ao total da dívida. Ele pode rezingar, ele pode amaldiçoar, ele pode jurar que lamenta o dia em que se dispôs a fazer negócios com essa turma de maus pagadores. Mas se você se comportar com educação e empatia, talvez consiga elaborar junto com ele uma agenda de pagamentos parciais que venha a ser aceitável para ambas as partes.

DICA

EXPRESSA

Reconheça que as palavras viajam com a velocidade das fofocas. Cada vez em que sua empresa deixar de honrar no devido prazo uma de suas obrigações de pagamento, outro fornecedor poderá ficar enfurecido e sua companhia perderá prestígio. Acontece que os fornecedores conversam uns com os outros e, eventualmente, sua empresa poderá ser incluída em algum tipo de lista negra compartilhada por uma série de fornecedores de suprimentos ou de serviços. Providencie para que os vendedores recebam cada centavo a que tenham direito pelos termos do contrato e de acordo com suas faturas, a não ser que sua firma esteja tão desprovida de fluxo de caixa, que precise sair de chapéu na mão a pedir esmolas!

Problema Número 77: *Seu chefe pratica um tipo de economia que mais parece bruxaria de vudu.*

A área de especialização de seu chefe não é a de um planejamento financeiro sólido. Certa manhã, você lhe pede com toda a educação para explicar a descrição de um item em uma linha de sua fatura e relatório de despesas comerciais. Em vez de responder sua questão, ele o alfineta com uma observação sardônica e, repentinamente, você tem a impressão de estar andando sobre espinhos e cacos de vidro e daí para a frente fica pisando em ovos cada vez que vai falar com ele. Ou você observa um valor marcado no balanço que ele elaborou, algo que evidentemente deveria ter sido marcado como perda, mas que foi classificado inversamente na coluna dos lucros. Ou percebe que um lucro foi registrado na coluna correta, mas com a diferença de um ponto decimal. Estes foram simplesmente erros e descuidos ou tentativas premeditadas para enganar os acionistas da empresa? Ou talvez um dos gerentes comerciais de sua organização o leve para uma conversa à parte em seu escritório e lhe determine que *não deve* cobrar o tempo que gastou atendendo a um cliente, mas em vez disso colocar o tempo gasto na fatura de algum outro cliente ou ainda dividi-lo entre dois ou três. E agora, o que você deve fazer?

Solução Número 77: *Recorde que e-mails podem ser apresentados como documentos legais.*[18]

Envie uma série de *e-mails* redigidos de forma bastante educada, nos quais você simplesmente faz as perguntas necessárias e localiza as partes do documento a que as questões se referem. Tenha muito cuidado com as expressões que emprega ao redigir *e-mails* deste tipo. Reescreva os rascunhos várias vezes até ter certeza de que Emily Post, a famosa autoridade em etiqueta, aprovaria o texto. Há muitas maneiras de hastear uma bandeira

---

[18] Na verdade, *e-mails* não constituem prova, já que, por exemplo, podem ser alterados por *hackers*. Somente podem ser aceitos em tribunal como material corroborativo de outras provas e mesmo isso depois de serem expertizados por especialistas capazes de conferir os códigos horários e pessoais inseridos e depor que não foram alterados após serem inicialmente expedidos. (N. do T.)

> vermelha sem eriçar os cabelinhos da nuca de seu chefe. Caso ele ignore suas mensagens ou não lhe forneça uma resposta satisfatória, você pode perfeitamente presumir que "aí tem coisa". Nesse ponto, o melhor que tem a fazer é *parar de indagar* e concentrar-se em sair da linha de fogo. Como regra geral, se sua companhia ou alguns de seus executivos estão praticando atividades comerciais questionáveis, você deve considerar a apresentação de um pedido de demissão. Comece a ativar seus contatos externos em busca de uma nova colocação. O fato é que, mais cedo ou mais tarde, a verdade vai pular para fora da "caixa de Pandora" de uma empresa mal administrada e o melhor é que você esteja longe quando as cabeças começarem a rolar.

Formas Inteligentes de Pesquisar Discretamente a Empresa em que Está Trabalhando.

É fácil, hoje, obter dados de uma empresa na *webpage* de um órgão regulador. Essas organizações são um enorme banco de dados de informações cadastrais. Abaixo alguns desses órgãos que podem ser utilizados para a obtenção de dados cadastrais de empresas por meio do CNPJ:

Serasa Experian.

Receita Federal.

Sintegra.

Situação Cadastral.

Se você trabalha numa multinacional, consulte: **Vault.com.** Pesquise se, no passado, houve funcionários aborrecidos o bastante a respeito das práticas da companhia para declarar pontos negativos sobre a empresa nas suas avaliações do empregador;

Se você trabalha numa multinacional americana, consulte: **Sec. gov/edgar/searchedgar/companysearch.html.** Digite o nome da empresa, clique no logotipo que aparecer e solicite acesso a todos os arquivos disponíveis. Quando a lista de pastas aparecer, escolha os relatórios mais recentes em formato de dez *kilobytes*. Estes serão os relatórios anuais da companhia e deverão incluir uma descrição pormenorizada de seus empreendimentos;

Compre no Mercado Livre uma ação de sua companhia e passará a receber automaticamente, por determinação legal, seus relatórios trimestrais e anuais;

Verifique periodicamente o *website* de sua companhia. Busque um *link* sobre relacionamento com investidores.

Problema Número 78: Seu chefe pratica regularmente permutas comerciais.

Todos os funcionários da firma são martirizados por sua mania de permutar. Por exemplo, sua firma realiza uma porção de serviços, inclusive de caráter legal, para uma companhia aérea e aceita como pagamento passagens de primeira classe que conservam seu valor durante os próximos cinco anos. Mas acontece que somente os executivos e seus familiares aproveitam estas passagens; nenhum funcionário de escalão inferior viaja muito (o mais longe e mais frequente são viagens de táxi de curta duração). Ao mesmo tempo, a empresa está com problemas de fluxo de caixa e precisa de verbas agora — ao menos para comprar móveis e equipamentos de escritório. O que seu chefe está pensando?

Solução Número 78: Investigue o que está por trás dessa série de permutas.

Permuta, no sentido legal do termo, é a troca de bens e serviços por outros bens e serviços de valor considerado como aproximadamente igual. Existem numerosos locais de trocas na internet em que você pode trocar alguma coisa, por exemplo, um presente indesejado, por qualquer outra coisa de que necessite ou que prefira, sem que dinheiro passe de mão em mão (com a possível exceção de *bit-coins* ou do porte dos correios). Você poderia muito inocentemente sugerir a seu chefe que se encarrega de trocar essa quantidade de passagens aéreas supérfluas por qualquer coisa de que a companhia precise de imediato, tal como novos móveis para o escritório. Ou vender as passagens via *e-Bay* e empregar o dinheiro abertamente em qualquer coisa útil para a firma.

Simplesmente Estatísticas

Perguntinha rápida: a Receita Federal é contra ou favor de permutas? A resposta é igualmente rápida: totalmente a favor, desde que na troca seja incluído o imposto de consumo ou outra taxa. Por que este sistema serviria para burlar o Fisco? Os contadores especializados da Receita Federal sabem que toda transação fica eletronicamente registrada e que não há a menor possibilidade de sonegação ou de evasão de taxas nesse tipo de transação. Tanto uma firma como um particular devem preencher um formulário sobre o valor dos artigos permutados por ocasião da troca, para posteriormente declarar os ganhos de capital ao acertar as contas com o Leão. Verifique a página do Imposto de Renda no *site* da Receita Federal para mais detalhes e confira o formulário correspondente.

Problema Número 79: A empresa pede para você aceitar uma redução em seu salário.

Seu desempenho nos últimos seis meses vem sendo tão eficiente, que você até tem a impressão de estar sustentando sozinho o departamento inteiro. Tragicamente, você está absolutamente certo! Seus resultados financeiros para a firma chegaram até as estrelas. Mas acontece que todos os seus colegas falharam miseravelmente em cumprir as suas quotas e é por isso que seu chefe simplesmente lhe vem pedir uma coisa impensável. Depois de tudo o que você fez pela firma, ele solicita que você aceite um corte de salário para evitar a demissão de seus colegas!... Você abre a boca para protestar, mas está espantado demais para falar.

Solução Número 79: Peça em troca ações da companhia, uma promoção com previsão de aumento posterior ou outras possíveis vantagens.

Quando a proverbial barca da empresa está afundando mais depressa que o Titanic, algumas vezes os executivos superiores requerem a seus funcionários mais valiosos, que de fato não pretendem dispensar, que façam certos sacrifícios para ajudar a bombear a água para fora dos porões. Caso você aceite a sugerida redução em seu salário sem guinchar demais, a sobrevivência de seu emprego na empresa está virtualmente garantida, enquanto vários de seus colegas são demitidos sem ao menos receberem essa opção — pelo menos até que uma nova redução do pessoal se torne necessária.

Do lado negativo, dependendo de quanto dinheiro você precisa para sustentar a si mesmo e sua família, uma redução de salário pode significar um ataque instantâneo de enjoo marítimo. Só de pensar nos problemas que vai ter é o suficiente para fazê-lo engasgar-se, além da tontura causada pela atmosfera agitada que pervade o escritório nesses dias. Mas então é assim que a companhia pretende recompensar seus esforços e sua lealdade?

> Quando você recebe notícias que ameaçam balançar seu mundo nas bases, não se sinta obrigado a tomar uma decisão imediata. Vá para casa, converse com sua esposa ou companheira (ou seu marido) e procure dormir bem essa noite (se puder) para formar uma perspectiva muito necessária. Assim que tiver se acalmado, pegue lápis e caneta (melhor que fazer no computador ou na máquina de calcular, porque assim parece controlar melhor os resultados) e faça as contas. Em primeiro lugar, verifique se tem condições de sobreviver com o salário reduzido que lhe foi proposto ou se irá sofrer penúria. Então se force a agir criativamente nessa situação. Que tipo de compromisso você pode aceitar e ainda viver relativamente bem? Haverá outras formas com que a empresa possa compensar sua perda? Você pode aproveitar a oportunidade para pedir em troca uma quantidade considerável de ações ou mesmo uma promoção nominal dentro da firma? Você poderia pedir para trabalhar em casa um ou dois dias por semana, para reduzir as despesas de transporte? Ou melhor ainda, a companhia tem condições de transportá-lo ida e volta? (Isso se sua posição na firma normalmente não lhe dá direito a vale-transporte.) Em resumo, o que eles podem fazer por você que não deixe a redução de vencimentos apertar demais seu cinto?

Títulos ou Ações: a Forma mais Barata para a Firma de Compensá-lo com Certas Vantagens.

Se você pediu ações da firma em troca do corte em seus vencimentos e seu chefe recusou, então negocie para obter qualquer outra coisa com valor monetário real ou virtual. Se você não pode conseguir alguma coisa que realmente valha dinheiro, então peça um novo título indicativo de uma promoção para figurar em seu currículo e em sua ficha no departamento de Recursos Humanos. Conceder títulos não custa absolutamente nada para a empresa, mas dão peso adicional a seu cartão de visitas oficial da firma. Você já tem o título de associado? Então peça que o nomeiem "associado sênior". Você já é um associado sênior? Peça para ser ungido com o título de vice-presidente. Você já é vice-presidente da firma, tanto quanto vale de fato essa posição de escalão médio? Então peça para ser nomeado vice-presidente sênior. O que, você já é um vice-presidente sênior? Bem, sempre pode pedir um lugar na diretoria ou receber um título vazio, mas altissonante que impressione seus clientes, traga mais negócios e garanta maiores comissões para compensar o corte em sua renda fixa. Pense na inflação de seu título como compensação para a deflação de seu salário. Quanto maior for o corte sugerido em seus vencimentos, tanto mais impressionante deverá ser o som de seu novo título.

Problema Número 80: A empresa entra em falência.

Já faz tempo que você suspeitava que sua empresa estava passando por sérios problemas e agora seu maior e mais secreto medo se confirmou. A empresa declarou falência oficialmente. Você fica pensando em que perspectivas futuras poderiam ser abertas para a firma, tanto a médio como a longo prazo. Uma vez que não tem certeza de qual deva ser o protocolo correto, você não consegue decidir se vai fazer circular seu currículo imediatamente ou esperar um pouco mais para assistir ao processo doloroso até seu final. É possível que você tenha se queixado e reclamado de seus chefes uma vez ou duas durante os dezesseis capítulos deste livro mas isto não significa que não vá sentir muita falta deles (ou mais exatamente do seu emprego).

Solução Número 80: Faça com que seus clientes enxerguem a luz no fim do túnel.

Se a vida de uma empresa é como um livro, você simplesmente não gostaria de estar nas páginas do último capítulo. Mas o fato puro e simples é o seguinte: após declarar falência, a companhia será legalmente forçada a reestruturar as colunas de seu balanço. Certas obrigações financeiras (como o pagamento de impostos devidos para a autorização de funcionamento) podem ser descartadas, o que pode ser útil caso a empresa tenha encolhido recentemente. O fato é que uma empresa falida pode continuar funcionando até certo ponto e enquanto permanecer operando, estará protegida das exigências dos credores. Em última análise, as condições financeiras da empresa estarão mais fortes do que antes — dependendo de um grande caso — isto é, caso consiga evitar o efeito dominó do abandono dos clientes assim que eles recebam as más notícias.[19]

---

[19] Aparentemente, a autora está discutindo uma moratória e não uma falência real. Dentro da moratória, a empresa recebe um determinado prazo de suspensão de pagamentos até que tenha condições de satisfazê-los novamente. Na concordata, os credores (incluindo o estado) concordam em abrir mão de parte de seus créditos, a fim de receberem ao menos a parte restante. Na falência ou bancarrota, a empresa em geral é liquidada judicialmente, nomeado um supervisor ou interventor ou um conselho administrativo e os bens vendidos ou leiloados para satisfação parcial ou total dos credores, inclusive dos funcionários com salários e direitos trabalhistas a receber. (N. do T.)

> Alguém altamente situado em sua companhia, tal como o proprietário, sócio principal ou executivo principal, deverá reassegurar aos clientes de que a empresa está fundamentalmente sólida e que é simplesmente sua dívida (empréstimos bancários, impostos devidos, taxas de franquia e contas em geral) que deverá ser reestruturada. Pesquise cuidadosamente para ver se os seus superiores estão de fato exercendo esta função. A proteção que a empresa receberá da justiça enquanto se encontrar em estado de falência lhe permitirá servir seus clientes melhor do que antes. Algumas das filiais mais "doentes" deverão ser podadas para preservar as partes sadias, o que inclui as contas que elas administravam.
>
> Mas o proprietário ou o principal executivo deverá realizar encontros individuais com cada cliente para lhes comunicar as notícias em primeira mão. Serão forçados a dar garantias e apresentar documentos no sentido de que o plano de reestruturação é sólido, que a infraestrutura da empresa ainda é forte e que a firma não está a ponto de fechar. Se isso não acontecer, siga o exemplo dos ratinhos e abandone o navio bem depressa!

MANTRA CORPORATIVO

"O Todo Vale Mais que a Soma das Partes." Por que a legislação permite que companhias em dificuldades continuem a operar? A racionalidade por trás das determinações do direito falimentar é que o valor de uma empresa típica é muito mais elevado que a soma de suas posses. Em geral, é mais eficiente permitir que uma empresa em dificuldades continue trabalhando do que vender suas propriedades individualmente para compensar os credores, entre eles o próprio governo.

PALAVRAS QUE PODEM AJUDAR A VER A FALÊNCIA SOB UM MELHOR ASPECTO

A legislação que regulamenta as falências contém os protocolos para os processos de reorganização dentro das leis que regem a economia e o comércio em geral no país. Nos Estados Unidos, o Código de Falências contém o chamado capítulo 11. A inscrição de uma empresa dentro das disposições do capítulo 11 é uma tentativa para sua permanência nos negócios enquanto o tribunal de supervisão das falências controla a reorganização das obrigações contratuais e dívidas da companhia.

Dentro das regras do direito falimentar, o tribunal pode garantir alívio total ou parcial do pagamento da maior parte das dívidas da companhia e de seus compromissos contratuais, de tal modo que a empresa tenha tempo de se recuperar e reiniciar suas atividades livre de ônus de maior monta.

No Brasil, a falência é regulada pela Lei 11.101/2005. Aqui, a coisa funciona assim: ao abrir falência, a empresa tem todo o seu patrimônio apreendido, com o objetivo de pagar os débitos que ficaram em aberto, por meio de uma execução coletiva universal, da qual todos os credores participam. De acordo com a consultora Suno Research, há uma ordem de preferência para o pagamento das dívidas, conforme a seguir:

- *As trabalhistas, limitadas a 150 salários-mínimos por credor e os decorrentes de acidentes de trabalho;*
- *Os créditos com garantia real até o limite do valor do bem gravado;*
- *Os impostos não pagos, mas excetuadas as multas tributárias;*
- *Os débitos com privilégio especial;*
- *Os créditos quirografários, ou seja, sem nenhuma garantia de recebimento;*
- *As multas contratuais e as penas por infrações das leis penais ou administrativas;*
- *Créditos subordinados.*

Apesar do que possa parecer, este capítulo 11 é extremamente otimista. Do mesmo modo, quanto mais otimista você parecer ao discutir a situação, tanto mais clientes conseguirá reter. Seguem-se algumas palavras e frases que podem

»

» *permitir tomar o controle inicial da situação caso você seja responsabilizado por estas negociações:*

- *Dentro de um ano nós recuperaremos um balanço robusto e favorável;*
- *Chegou o momento de abrirmos mão dos colaterais e nos concentrarmos em nossos produtos principais;*
- *Vamos olhar o lado mais claro e positivo primeiro;*
- *Nossos melhores funcionários concordaram em permanecer trabalhando para a empresa e assim esperamos que você também continue a trabalhar conosco;*
- *Olhe, isto foi uma bênção disfarçada;*
- *Agora traremos maior equidade para a companhia;*
- *Vamos aumentar a equidade da empresa, enquanto permanecermos dispensados do pagamento das dívidas;*
- *Vamos cortar os galhos podres para salvar as árvores;*
- *Na verdade, apenas temos um problema temporário de fluxo de caixa;*
- *Daqui a um ano, você nem reconhecerá mais a nossa empresa!*

A REGRA DE OURO: Nem todas as empresas que passam por dificuldades têm um vigarista a manejar seu leme, mas se um vigarista chegar a essa posição, ele irá derrubar a companhia inteira bem rapidamente. As dificuldades comerciais também tendem a acentuar os piores defeitos de caráter de um líder. Declarar falência (ou moratória ou concordata) tornará necessário tomar algumas decisões difíceis, mas também pode ser uma demonstração de fé nas perspectivas a longo prazo da empresa. Um plano será criado e executado por meio do qual as partes do empreendimento que não se demonstrarem saudáveis serão cortadas para que as partes saudáveis possam prosperar. Se sua empresa estiver à beira da bancarrota e lhe solicitarem que aceite um corte de salário, procure maneiras de negociar vantagens que contrabalancem a perda salarial e tornem mais aceitável sua perda de poder aquisitivo. Antes que eles se esqueçam disso, recorde a seus superiores que a lealdade é uma via de duas mãos.

[conclusão

O segredo de se dar bem com praticamente todo mundo

Em um mundo perfeito, todos os funcionários de seu lugar de trabalho se dariam bem uns com os outros de maneira extraordinária. Os jogadores mais bem qualificados ascenderiam primeiro a escada corporativa até se tornarem chefes, executivos médios e finalmente os principais administradores da firma e todo mundo aceitaria perfeitamente a justiça de sua ascensão e procuraria seguir os seus exemplos. As tarefas das pessoas seriam claramente delineadas, sem que houvesse qualquer tipo de remontamento. Os trabalhadores colocados acima de você seriam dotados de fortes habilidades de liderança. Os que trabalham sob suas ordens possuiriam entusiasmo, espírito de camaradagem e um genuíno talento para executar aquelas tarefas para as quais haviam sido selecionados.

Todo o pessoal respeitaria o tempo uns dos outros. As reuniões nunca excederiam o prazo determinado. Quando um grupo se reunisse para tentar um *brainstorming*, sempre geraria ideias produtivas. Os alvos e objetivos planejados seriam realísticos. Deste modo, todos os funcionários da firma seriam sempre capazes de realizar suas tarefas dentro dos períodos marcados, ao mesmo tempo em que a produtividade e lucratividade floresceriam na fértil tundra de seu departamento.

Ninguém nunca se ressentiria porque um companheiro de trabalho foi promovido, uma vez que reconheceria seu valor e teria certeza de que, em determinado ponto do futuro, ele ou ela seriam igualmente reconhecidos. Em vez de estar "solitário no alto da montanha", haveria uma sociedade cordial no topo, no meio e até na seção mais inferior.

Em um mundo perfeito, você não precisaria ser diplomático ou possuir uma quantidade aceitável de graças e habilidades sociais para alisar quaisquer farpas ou beiradas cortantes. Afinal de contas, todos já estariam trabalhando à perfeição.

No mundo real, naturalmente, os alvos excessivos e os prazos demasiadamente curtos deixam tensos todos os membros de seu grupo funcional. Um ambiente de estresse crônico tem o hábito de arrancar toda a camada superior do verniz de gentileza, fazendo com que os chefes, os colegas e os subordinados estourem à menor provocação.

Um truque de bom gerenciamento consiste em não tomar pessoalmente nada em absoluto que venha a ocorrer no ambiente de trabalho. Você é capaz de ignorar um pequeno insulto que foi revestido das características de uma brincadeira, mas lá no fundo não era bem assim e secretamente feriu seus sentimentos? Você é capaz de fitar um antigo rival nos olhos e congratular-se com ele ou ela por ter sido promovido, enquanto você era deixado para trás? Você tem a capacidade de perdoar um subordinado que foi consultar seu supervisor por trás de suas costas em vez de se dirigir a você?

Outra técnica de administração inteligente é aceitar que todas as pessoas têm defeitos ou apresentam falhas, algumas delas bem profundas, e determinar-se a aceitar pacificamente os seus caprichos. Você é capaz de se sentir adulado pela inveja evidente de um colaborador em vez de ficar ressentido com ela? Você tem a capacidade de aceitar as instruções de seus supervisores sem a sensação de que é um escravo? Você pode perdoar seu chefe que saiu do inferno e talvez até ajudá-lo a subir um pouco e se tornar o chefe que saiu do purgatório?

Você tem e você pode. Com paciência, prática e perseverança, fará tudo isso.

Em seus vários capítulos, este livro enfatizou a importância de se tornar um ouvinte ativo. Algumas vezes, esta habilidade acarretará escutar retornos negativos sobre o seu desempenho. Certamente esta é uma experiência bastante desanimadora.

Mas considere o seguinte: todos os dias úteis da semana, antes que você se revista de seu uniforme de trabalho para passar mais oito horas (ou quem sabe doze) nos meandros da empresa, contemple seu rosto no espelho do banheiro. Nesse instante, quer você esteja escovando os dentes, penteando os cabelos ou fazendo um gargarejo, faça um rápido julgamento de si mesmo.

Agora sempre existe a esperança de que, enquanto contempla seu próprio reflexo no espelho da pia ou de corpo inteiro, você possa genuinamente aprovar o que está enxergando. Mas surgirão dezenas de vezes em que você não se aprovará. Nessas ocasiões, você dirá para si mesmo: *"Ora, eu gostaria de emagrecer uns cinco quilos, perder esses cabelos grisalhos ou conseguir que outros crescessem de volta, mesmo que fossem brancos ou seria bom ficar um pouco mais alto ou conseguir que meus dentes ficassem mais brilhantes, como esses dos anúncios de pasta de dentes...".* E nessa fração de segundo de autoexame crítico, chegou o momento de tomar uma decisão.

Talvez esta decisão seja a de ignorar estas pequenas falhas em particular pela centésima vez. Ou quem sabe, dependendo da natureza das falhas, de sua disposição de ânimo ou do estado de suas finanças nesse mês, você possa resolver tomar alguma ação autocorretiva. Mas de qualquer modo, estará escutando algumas críticas bem pesadas sobre si mesmo e decidindo o que pretende fazer a respeito delas. Você não ficará parado ali, segurando a beirada de sua pia, cheio de ressentimento consigo mesmo por achar que precisa melhorar em alguns pontos, do mesmo modo que ficaria caso a observação partisse de alguém mais.

Se você consegue ser brutalmente honesto consigo mesmo, descobrirá ser muito mais fácil escutar quando outras pessoas estão conversando honestamente consigo. Um certo grau de autoconhecimento pode percorrer um longo caminho.

Caso você aprenda uma única coisa com a leitura deste livro, que seja então como se tornar *menos* sensível às críticas que recebe dos outros e consideravelmente *mais sensível* quanto à forma como emite suas próprias críticas dos demais. Ou como expôs certa vez Abraham Lincoln: *"Nós devemos ser grandes demais para nos ofendermos e nobres demais para ofender a quem quer que seja".*

Retire deste livro ao menos esta simples lição e realmente não haverá mais razões para abandonar seu emprego atual em busca de pastagens mais verdes. Naturalmente, caso alguém lhe ofereça uma quantia bastante considerável para realizar exatamente o que está fazendo agora em qualquer outro local, tampouco haverá razão para recusar. Mas se você está simplesmente considerando pedir demissão do emprego atual para se livrar de alguma pessoa em particular — um chefe desagradável, um colega traiçoeiro, um subordinado difícil de aturar ou ainda alguém a trabalhar em uma seção diferente, mas que mesmo assim consegue deixá-lo louco de raiva — pode acreditar em mim, encontrará problemas idênticos em qualquer outra parte. Você pode fugir, mas não conseguirá se esconder.

Sinceramente espero que você tenha encontrado nestas páginas os instrumentos e estratégias necessários para abrandar os pequenos ressentimentos e olhar além de certas características pessoais ou simples tiques de seus colegas a fim de conseguir se dar melhor com todos os seus companheiros que trabalham no mesmo escritório.

Alguns destes gambitos funcionam de forma instantânea. Outros precisarão ser refinados e modificados de acordo com uma série de experiências e a revisão de seus resultados. Mas por meio da prática consciente, seus relacionamentos com a maior parte de seus colegas, superiores e subordinados deverão melhorar dramaticamente. A partir daí, você se sentirá tanto mais feliz quanto mais produtivo no escritório e, em vez de ser parte do problema, descobrirá que se transformou em sua solução.

[lista de problemas

Problema Número 1: A chefe que a incomoda durante o fim de semana....22
Problema Número 2: O especialista em ineficiência....24
Problema Número 3: A chefe que a encara como sua fantoche particular....26
Problema Número 4: Ela insiste em um relatório minucioso sobre cada reunião, *e-mail* ou telefonema....28
Problema Número 5: Ela remexe disfarçadamente em seus papéis....30
Problema Número 6: Ninguém descobre onde ele está....34
Problema Número 7: Contra todas as expectativas, o mágico aparece de surpresa....37
Problema Número 8: Você vem apresentando todas as desculpas possíveis para proteger o mágico (mas ele nunca está por perto quando precisa do apoio dele)....39
Problema Número 9: Você não consegue entender sequer uma palavra do que ele diz....41
Problema Número 10: Ele acha que está perdendo seu poder....42
Problema Número 11: Você tem de prestar contas a alguém que todos os demais estão ignorando....48
Problema Número 12: Você não vê nenhum caminho definido para conseguir qualquer promoção....50
Problema Número 13: Você não está realizando o trabalho para o qual foi contratado....52
Problema Número 14: As instruções de seu chefe não são mais relevantes....55
Problema Número 15: Ele emprega sua fraqueza física como um eficaz meio de manipulação....56
Problema Número 16: O Tira Bom diz "A" e o Tira Malvado diz "Z"; a seguir o Tira Bom diz......60
Problema Número 17: Código amarelo: o tira malvado para de falar com você....62
Problema Número 18: Código vermelho: o tira bom para de falar com você....65
Problema Número 19: Você é apenas um intermediário sem importância....67
Problema Número 20: O tira bom lhe promete um aumento, mas o tira malvado diz que não concorda....68
Problema Número 21: Esse besteirol de preenchimento de declarações de missão....72
Problema Número 22: Um consultor bate à porta....74
Problema Número 23: Há uma reorganização (de Novo)....76
Problema Número 24: Há demissões à vista....79
Problema Número 25: Tarefas fictícias....81
Problema Número 26: Ele cria um clima de assédio sexual....84
Problema Número 27: Ele diz alguma coisa imprópria....86
Problema Número 28: Quid pro quo: quer que eu faça alguma coisa por você? Então faça tal coisa comigo....89
Problema Número 29: A assediadora feminina....91
Problema Número 30: O grupo se volta contra você. ...92
Problema Número 31: Ele chegou com autorização para fazer enormes mudanças....96
Problema Número 32: Ele lhe transmite informações falsas. ...99
Problema Número 33: Ele o acusa de ter feito alguma coisa que você não fez!...100
Problema Número 34: Você descobre que ele está entrevistando pessoas para ocupar sua posição a fim de substituí-lo. ...102
Problema Número 35: Você é posto em período probatório. ...104
Problema Número 36: Ela engole toda a luz dos refletores. ...112
Problema Número 37: Ela não a convida a participar das reuniões em que vai apresentar o trabalho que você fez....115
Problema Número 38: Você é que deveria ser a chefe dela!...118
Problema Número 39: Ela Tem medo de que você lhe tire o emprego....120

Problema Número 40: Sua chefe atribui o crédito por sua ideia a uma terceira pessoa....**122**
Problema Número 41: O mandão prepotente emprega as reuniões para pregar as suas ideias prepotentes....**128**
Problema Número 42: Atribuição de prazos falsos....**131**
Problema Número 43: Você se tornou o alvo das troças do chefe. ...**133**
Problema Número 44: Você se tornou o alvo permanente das repreensões do seu chefe. ...**135**
Problema Número 45: Você ficou tão aborrecida, que nem sequer consegue olhar mais para ele. ...**137**
Problema Número 46: Ele não transmite as más notícias até que seja tarde demais. ...**144**
Problema Número 47: Em vez de lhe dar seu apoio, ele quer que você aceite toda a responsabilidade. ...**147**
Problema Número 48: Ele regularmente desautoriza os membros de sua equipe. ...**149**
Problema Número 49: Ele o promove à função de "tira malvado". ...**151**
Problema Número 50: Ele o critica por meio de terceiros. ...**154**
Problema Número 51: Ele atrai a todos para sua própria órbita. ...**158**
Problema Número 52: Você e o pistoleiro começaram mal. ...**162**
Problema Número 53: Ele quer que lhe dê informações verdadeiras sobre o funcionamento da seção e o trabalho de seus colegas. ...**165**
Problema Número 54: Ninguém consegue imaginar quais são os cálculos e conclusões a que ele chegou. ...**167**
Problema Número 55: Ele se encontra em uma Linha espaço-temporal completamente diferente. ...**168**
Problema Número 56: Ele vai inventando enquanto fala. ...**172**
Problema Número 57: Seu cliente lembra das negociações de forma diferente dessa que você acaba de mencionar ...**173**
Problema Número 58: Seu chefe o coloca para trabalhar em um projeto desconhecido que talvez nem exista ...**175**
Problema Número 59: Seu chefe prometeu a lua e as estrelas ao cliente (além da cooperação de todo o escritório da matriz). ...**177**
Problema Número 60: Você se tornou dependente do bruxo malabarista, seu chefe, e é obrigado a seguir a sua orientação. ...**179**
Problema Número 61: Ela quer que você seja a "sim senhora" dela....**186**
Problema Número 62: Ela pensa que você deve ser uma miniatura dela....**188**
Problema Número 63: Ela precisa de constante atenção....**190**
Problema Número 64: Ela concebe visões grandiosas para o departamento....**192**
Problema Número 65: Ela se esforça para mostrar qual é seu lugar e conservá-la permanentemente dentro dele....**194**
Problema Número 66: Você simplesmente tem medo dela....**198**
Problema Número 67: A mínima desconsideração que ela possa imaginar é o equivalente a uma frase violenta esperando para vir à tona no momento seguinte....**200**
Problema Número 68: Antes da pausa para o almoço, ela lhe diz uma coisa: depois que volta, a história é bem diferente....**202**
Problema Número 69: Você descobre ser o faxineiro....**208**
Problema Número 70: Sua chefe não comparece a reuniões importantes....**210**
Problema Número 71: Ele não se interessa por obter novas informações....**215**
Problema Número 72: Ele tem visão de túnel....**217**
Problema Número 73: O que quer dizer com economia global?...**219**
Problema Número 74: Seu Grande Chefe anda distraído....**222**
Problema Número 75: Nenhum membro da diretoria ou quaisquer dos principais executivos deseja consultar o espelho mágico.....**223**
Problema Número 76: Um fornecedor começa a protestar violentamente pelo atraso em seus pagamentos....**226**
Problema Número 77: Seu chefe pratica um tipo de economia que mais parece bruxaria de vudu....**229**
Problema Número 78: Seu chefe pratica regularmente permutas comerciais....**232**
Problema Número 79: A empresa pede para você aceitar uma redução em seu salário....**234**
Problema Número 80: A empresa entra em falência....**237**

notas finais

1. *The Harris Poll #38* (Pesquisa de Opinião Harris número 38): *Many U. S. Employees Have Negative Attitudes to their Jobs, Employers, and Top Managers*. (Muitos funcionários nos Estados Unidos mantêm atitudes negativas com relação a seus empregos, empregadores e administração superior das empresas.) Publicada em 6 de maio de 2005. Veja http://harrisinteractive.com/harris_poll/index.asp?PID=568 (Acesso realizado em 14 de setembro de 2007).

2. *MSN-Zogby Poll* (Pesquisa de Opinião MSN-Zogby), 11-13 de abril de 2007, citada por Rachel Zupek em "*U. S. Workers Like Their Boss... Really*" (Os Trabalhadores Norte-americanos gostam de seus chefes... realmente.) Veja CareerBuilder.com, em: http://www.careerbuilder.com/JobSeeker/careerbytes/CBArticle.asp?articleD=6908cbRecursion (Acesso realizado em 14 de setembro de 2007).

3. Para leituras adicionais, verifique o *website* da *Equal Employment Opportunity Commission* (Comissão para Oportunidades Iguais de Emprego) (EEOC), em http://www.eeoc.gov/types/sexual_harassment.html.

4. Ray, Barry: "*Who's Afraid of the Big Bad Boss? Plenty of Us, New FSU Study Shows*" (Quem tem medo do grande chefe mau? Muitos de nós, conforme demonstra um estudo da Universidade Estadual da Flórida). Veja Florida State University em http://www.fsu.com/pages/2006/12/04/BigBadBoss.html (Acesso realizado em 29 de julho de 2007).

5. *"Survival of the Fittest"* (Sobrevivência dos Mais Aptos), Wikipédia, veja http://en.wikipedia.org/wiki/Survival_of_the_Fittest. (Acesso realizado em 27 de julho de 2007).

6. O escritor e psicólogo social Jerry Harvey cunhou o termo "Paradoxo de Abilene". Para leituras adicionais, veja Jerry B. Harvey, *The Abilene Paradox and Other Meditations on Management* [O Paradoxo de Abilene e outras meditações sobre administração] (New York, John Wiley & Sons, 1988).

7. Helge Hoel e Cary L. Cooper, *British Occupational Health Research Foundation Survey* (Pesquisa de Campo da Fundação Britânica de Pesquisas sobre Saúde Ocupacional), *"Destructive Conflict and Bullying at Work"* (Conflitos destrutivos e prepotência no trabalho), Faculdade de Administração de Manchester, abril de 2000.

8. *Employment Law Alliance Poll* (Pesquisa de Opinião Alliance sobre as Leis Trabalhistas); *"New Employment Law Alliance Poll: Nearly 45% of U. S. Workers Say They've Worked For An Abusive Boss"* (Nova Pesquisa de Opinião Alliance sobre as Leis Trabalhistas: Cerca de 45% dos trabalhadores dos Estados Unidos afirmam que já trabalharam para um chefe Abusivo), 2007. Veja http://www.workdoctor.com/press/ela032107.html (Acesso realizado em 10 de julho de 2007).

9. *The Columbia Guide to Standard American English* (Guia da Universidade de Colúmbia ao Inglês Americano Padrão), 1993 (versão *on-line*, veja o verbete *"spin"*).

10. *"Narcissistic Personality Disorder"* (Distúrbio de Personalidade Narcisista), *Diagnostic and Statistical Manual of Mental Disorders* (Manual Diagnóstico e Estatístico de Distúrbios Mentais), 4ª. Edição, 1994, http://www.halcyon.com/jmashmun/npd/dsm-iv.html, citado em Halcyon.com (Acesso realizado em 15 de agosto de 2007).

11. *"Addiction in the Workplace: A Problem Worth Solving"* (Vícios no ambiente de trabalho: Um problema que vale a pena resolver), 2007. Consulte Hazelden.org.web no *website* http://www.hazelden.org/web/public/ade/40322.page (Acesso realizado em 8 de agosto de 2007).

[a respeito da autora

Vicky Oliver tem a habilidade de transmitir às pessoas a confiança de que elas necessitam a fim de sobreviver no ambiente de trabalho corporativo — quer estejam procurando um emprego ou tentando conservar o que já tem. Seu primeiro livro, *301 Smart Answers to Tough Interview Questions* (301 Respostas Inteligentes para Perguntas Difíceis Apresentadas em Entrevistas) já se encontra disponível hoje em dia nos Estados Unidos, Inglaterra, França, Austrália, Canadá, Japão e Turquia. Seu segundo livro é intitulado *Power Sales Words, How to Write It, Say It, and Sell It with Sizzle* (Frases poderosas para Vendas, como Escrever, como Dizer e como Vender ainda Quentinhas). Ela também faz palestras e dirige seminários sobre caça a empregos, como trabalhar pela rede eletrônica e ainda sobre etiqueta empresarial.

Os habilidosos conselhos sobre carreira comercial de Ms. Oliver foram apresentados na primeira página da seção Mercado de Trabalho do *New York Times*. Ela foi entrevistada em mais de 100 programas de rádio nos Estados Unidos, tanto em escala local como nacional e teve também entrevistas publicadas na coluna *Answer Fella* (O Cara das Respostas) da revista *Esquire*, nos jornais *Philadelphia Inquirer* e *Los Angeles Times* e na rede Bloomberg de Televisão.

Ela frequentemente dá conferências e é convidada como palestrante em universidades e já dirigiu seminários na Associação Cristã de Moços do West Side, em Manhattan, na Sociedade de Analistas de Segurança de New York (NYSSA) e na Universidade Brown de Rhode Island. Ela foi nomeada "especialista interna em caça a empregos" pela Feira Shomex da Diversidade, montada no Madison Square Garden de New York. Seus artigos apareceram na revista *Adweek* (Anúncios da Semana) e na página da *web* intitulada *Crain's New York Business*.

Os escritos e compromissos oratórios de Ms. Oliver já a colocaram em contato com mais de 5 mil pessoas de todas as profissões diferentes e ocupando todas as posições na sociedade: funcionários, desempregados, empresários, trabalhadores independentes, aposentados, universitários recém-formados e pessoas de mais idade em retorno para o mercado de trabalho. Ela encoraja as pessoas a entrarem em contato com ela pelo *e-mail* vicky@vickyoliver.com e pode também ser encontrada na página *http://vickyoliver.com*.

Bacharel pela Universidade Brown em Inglês, formada com honra e ainda portadora de um segundo diploma em Ciências Políticas, Ms. Oliver reside em Manhattan, local em que se dedica a ajudar os demais a modificarem suas carreiras e suas próprias vidas.

ANOTAÇÕES

ANOTAÇÕES

ANOTAÇÕES

ANOTAÇÕES

NOS PRÓXIMOS VOLUMES:
Os colegas de trabalho e você

Neste livro que acaba de ler, você ficou sabendo tudo sobre os maus chefes e como conviver com eles sem se enlouquecer nem deixar o emprego. Mas o nó no ambiente de trabalho pode ser outro. Ou outros: os colegas e até você mesmo. Vicky Oliver escreveu sobre vocês em outros dois livros, que a Jardim dos Livros também traz ao leitor brasileiro.

No segundo volume, você vai conhecer 17 perfis de colegas incômodos, alguns deles podem estar ao seu lado: a *superstar* mimada, o picareta veterano, o adulador sem iniciativa, o Judas, o mentiroso descarado que quer pegar seu emprego, a funcionária que ficou solteira de repente etc. Vicky ensina como lidar com eles.

No terceiro livro, a autora alerta: é provável que você esteja causando o próprio sofrimento. Vicky apresenta 10 pontos fracos autossabotadores e dá muitas sugestões para você controlar o sabotador que há dentro de si, como o insociável, o perfeccionista, o sensível, o confuso, o que não gosta de trabalhar todos os dias e o que tem síndrome de impostor.

INFORMAÇÕES SOBRE A
Geração Editorial

Para saber mais sobre os títulos e autores
da **Geração Editorial**,
visite o *site* www.geracaoeditorial.com.br
e curta as nossas redes sociais.

Além de informações sobre os próximos lançamentos,
você terá acesso a conteúdos exclusivos
e poderá participar de promoções e sorteios.

🏠 geracaoeditorial.com.br

f /geracaoeditorial

🐦 @geracaobooks

📷 @geracaoeditorial

Se quiser receber informações por *e-mail*,
basta se cadastrar diretamente no nosso *site*
ou enviar uma mensagem para
imprensa@geracaoeditorial.com.br

Geração Editorial

Rua João Pereira, 81 – Lapa
CEP: 05074-070 – São Paulo – SP
Telefone: (+ 55 11) 3256-4444
E-mail: geracaoeditorial@geracaoeditorial.com.br